崖っぷちの新聞

ジャーナリズムの原点を問う

池田龍夫

花伝社

まえがき

今年（二〇〇五年）は、太平洋戦争敗戦から六〇年、日本にとって節目の年である。明治維新（一八六八年）から敗戦（一九四五年）までが七七年……「近代日本」は、この一三七年間で形成された。国家が「喜寿」の年に明治欽定憲法体制が瓦解し、平和憲法体制のもとで新たな〝国づくり〟に励んで「還暦」を迎えた。奇妙な符合に気づくが、現在の時代状況はきわめて不安定で、〝還暦後の日本〟の針路が気がかりである。この「日本国」節目の秋、第四四回衆議院総選挙（〇五年九月一一日）で小泉純一郎政権が圧勝、自民二九六・公明三一、与党勢力は三二七議席に膨れ上がった。衆議院で三分の二以上の議席を確保したことで、今まで以上に「小泉独断政治」がまかり通ることを懸念する声が高まっている。

世界を震撼させた「9・11テロ」から五年、内外の混迷は深まるばかりである。泥沼化するイラク戦争、国際テロ組織の暗躍が不気味だ。国内に目を転じると、巨額の財政赤字・年金危機・雇用不安・凶悪犯罪続発などが、社会全体を暗くしている。

複雑怪奇、先を読めない時代であればあるほど、「新聞ジャーナリズム」の責任は重いが、最近の新聞に覇気のないのが気になる。「大本営発表」に屈した新聞の無気力が、〈軍部独裁→敗戦〉を招来した罪深さを忘れてはならない。「勇気ある発言が国を救う」「自由な言論と民主主義は表裏一体である」――こんな思いを胸に、日々の紙面を精読し、問題点・疑問点を探ってきた。イラク戦争をはじめ沖縄・核問題、靖国・憲法問題、郵政・年金問題などを新聞各紙はどう報道したかを検証し、併せて新聞業界に根強く残る旧体質にメスを入れた。二〇〇〇年半ばから五年間に発表した論稿を取捨選択して加筆修正、最新ニュースを書き加えて、「崖っぷちの新聞」の表題でまとめたのが本書である。

一九五三年に新聞記者を志してから五〇年余の歳月が流れたが、フリーになった今も「新聞」にこだわり続けている。技術革新の進展によって、メディア業界は〝戦争状態〟だ。放送、インターネットメディアの追い上げによって、新聞業界は安閑としていられない。それなのに、最近大手新聞社の不祥事が続き、寒心に堪えない。新聞批判は厳しさを増し、箱島信一・日本新聞協会長（前朝日新聞社長）は二〇〇五年九月、「ジャーナリズム全体の信頼と名誉回復のため……」と、辞意を表明するに至った。新聞界の構造改革を急がないと、日本のジャーナリズムは、とんでもない方向に進む怖れがある。

本書は、混迷する日本の現状、そしてメディア状況をウォッチして問題提起した、いわば〝現代新聞論〟である。

（各文章・タイトルの下の数字は執筆年月）

崖っぷちの新聞——ジャーナリズムの原点を問う◆目次

第4章 「沖縄」の苦しみ――「核」の恐怖

第5章 「新聞力」の復権、「教育」の再生を

第6章　新聞は襟を正し、公正な報道を

第1章　暴走、迷走する「小泉政治」

1　動機不純の〝靖国参拝〟強行　2001・8

敗戦から五六年、二〇〇一年の夏は異常に暑い。年々歳々、原爆忌と終戦記念日の「八月」がめぐり来たり、変わらぬ鎮魂の行事が催されているが、例年になく政治的喧騒がすさまじい。小泉純一郎首相の靖国神社参拝が内外に波紋を広げているからに外ならない。「虚心坦懐に、熟慮に熟慮を重ね……」とゆれ動いた小泉首相だったが、八月一三日、意表をついて靖国神社〝前倒し〟参拝を断行した。近隣諸国の反発に配慮し、中曽根康弘首相以来一六年ぶりの「終戦記念日参拝」を避けた政治判断と推測されるが、〝トラブルの火ダネ〟はいぜん残されたまま。靖国問題のモヤモヤが晴れない失望感だけでなく、小泉首相の政治姿勢・歴史認識の危うさを批判する声が高まってきた。

時代の閉塞感打破の期待を担って躍り出た小泉純一郎氏。七月二九日の参議院選挙での勝利は、文字どおり小泉人気がもたらしたものだった。米国の『ニューヨーク・タイムズ』紙は三一日付紙面に「日本の新たな政治スター」と題する社説を掲げ、「形式ばらないやり方と活力ゆえに、彼はぼんやりとした多くの指導者とは対照的だ。参院選での勝利を活用して、大胆な経済変革への自民党内の支持を統合すべきだ」とエールを送った。しかし後段で靖国参拝問題に言及し、「強化された政治基盤を愛国心の高揚に振り向けるのではなく、派閥のリーダーたちを経済改革へと組み入れることに活用すべきだ」とクギを刺した点に注目したい。中国・韓国だけでなく、「世界の目」が、靖国参拝問題に代表される「歴史認識の欠如」……さらに「新たなナショナリズムへの危惧」に注がれていることを軽視してはならないからである。

四月一八日の自民党総裁選公開討論会で「首相に就任したら八月一五日には必ず靖国参拝を行なう」という小泉氏の発言が〝騒動〟のきっかけ。各紙が提起した問題を〝教材〟に見立てて、「歴史認識」につき考えてみたい。

■情緒過多の言動と遺族会との約束

2004年1月1日、靖国神社を参拝した小泉首相(提供＝毎日新聞)

明治以降敗戦に至る過程、さらに現在まで、靖国問題は政治の狭間でゆれ動いてきた。本来、死者への鎮魂は人それぞれの方法でひそかに祈るものだが、「靖国」となると国家権力が前面に現われ、近隣諸国の感情を逆撫でする〝騒動〟が、八月の年中行事のようにくり返されてきた。「そして今年も……」というわけだが、小泉首相の情緒過多が騒ぎを増幅してしまった。「死者を悼むという形をして、自分の正統性を言い募るために、死者を改変し、奪い合っているのが靖国問題だ」と成田龍一・日本女子大教授は指摘（『朝日』8・8朝刊）するが、まさにその通りで、実りなき〝真夏の騒動〟になった現実が悲しい。

「知覧特攻平和会館」を訪れた小泉首相、祖国のために散った特攻隊員の心情を悼む気持ちが原点となり、首相としての靖国参拝強行につながったという。しかし、小泉首相が参拝にこだわった背景に、別な政治的思惑が見え隠れする。四月の自民党総裁選を控え日本遺族会と交わした「私が総裁になったら必ず八月一五日に参拝する」という約束に縛られたと推測できるからだ。当初劣勢だった小泉陣営にとり、大票田を握る日本遺族会の支持を取り付けることは大きな戦略目標だった。この点について、『毎日』朝刊企画「熟慮の構図」（8・9）の記述は興味深く、「小泉さんが靖国参拝を言った時、『やられた』と思った。遺族会、軍恩連盟は小泉さんの方に行っちゃった」との橋本派幹部の証言に、悔しさがにじみ出ている。成田教授が指摘した通り、「死者を奪い合う」構図そのものではなかったろうか。

■歴史の教訓に学ばず

靖国神社の歴史的経緯や戦後・憲法の「政教分離」原則、A級戦犯合祀問題については各新聞が報じているものの、その視点や解釈の差を改めて思い知らされた。

首相の靖国参拝に自重を求めていた『朝日』『毎日』『東京』『日経』四紙は、八月一四日社説でそろって「これを熟慮の結果だと評価するわけにはいかない」「従来にまさる（参拝の）理屈付けや周辺国の理解が必要なわけで、先人の教訓を生かしていない」などと批判している。これに対し「なぜ騒ぎ立てるのか」と〝参拝支持〟の論調を掲げていたのは『産経』と『読売』で、最も鮮明な立場の『産経』は一四日、「一六年間にわたって中断されていた一五日の首相参拝が実現すれば、ようやく当然の姿に戻るとして評価してきたのに『一五日参拝』の公約を撤回したのは、国民の信頼を損なった」と厳しい小泉批判に転じた。『読売』は「総合的に判断すれば一三日参拝という首相の判断は適切な判断だった」との評価を下している。

振り返れば、「戦後政治の総決算」を旗印にした中曽根康弘首相は一九八五年八月一五日、靖国神社参拝を行なった。閣僚を従え公式参拝したことが近隣諸国を強く刺激し、外交問題にエスカレートしてしまった。対応に苦慮した中曽根政権は翌八六年の参拝を取り止めざるを得なくなったが、そのとき公表された「後藤田正晴官房長官談話」が、鮮烈に記憶に残っている。A級戦犯合祀に対する近隣諸国の感情を配慮し、「慎重かつ自主的に検討、公式参拝は差し控えることにした」と内外に宣言したもので、小泉首相がこの〝苦い反省〟を知らないはずはない。また一九九六年七月橋本龍太郎首相が私的に靖国参拝したにもかかわらず再び近隣諸国の反発を呼び、翌年から参拝を取り止めた経緯もあったのに、小泉首相が「有言実行」とばかりに〝暴走〟した政治責任は大きいと言わなければならない。

「アジア各地はもとより国内でも多大の犠牲を出したことを考えると、戦争を指導した人の責任は免れない。国内に意見の違いや対立はあるが、日本は憲法九八条で国際条約の順守を約束し、サンフランシスコ平和条約一一条で、連合国との間で極東裁判の結果を受け入れている。小泉さんの気持ちは感情論としては分かるが、総理大臣は内外に向かって日本を代表する唯一の立場にあることを考えてほしい」という後藤田氏の言明（『朝日』8・5朝刊）には、説得力があった。小泉首相にこのような歴史認識がなかったとすれば、今後の小泉政治の前途は危険極まりない。

戦後五〇年の一九九五年八月一五日、「全国戦没者追悼式」に先立ち村山富市首相は、侵略戦争の反省と平和の誓いを内外に明示した「村山談話」を発表した。その中で「わが国は、遠くない過去の一時期、国策を誤り、戦争への道を歩んで国民を存亡の危機に陥れ、植民地支配と侵略によって、多くの国々、とりわけアジア諸国の人々に対して多大の損害と苦痛を与えました」と率直に謝罪し、内外すべての犠牲者に哀悼の意を表した。閣議決定された歴史的な文書であり、小泉首相が靖国参拝に先立ち発表した「首相の談話」に、この「村山談話」の趣旨を援用していることは結構だが、なぜ「『一五日参拝』の発言を撤回することは慚愧にたえない」と付け加えなければならないのか理解に苦しむ。

勝田吉太郎・鈴鹿国際大学長は『産経』朝刊（8・2）で、「直言するなら、この際小泉首相は再度の靖国参拝を断念した中曽根総理の苦渋の英断に思いを馳せていただきたい。……もしも首相が静かに公邸で逸《はや》る心を押さえ唇を噛んで散華した英霊に手を合わすなら、その首相の姿と切ない気持ちが伝わり心ある国民多数は感動するに違いない」と述べていたが、〝独り静かに祈る小泉首相〟を筆者も期待していた。そして、「武道館での全国戦没者追悼式に公式行事を一本化し、靖国参拝問題は凍結して代替施設を考える」といった趣旨の声明を出せないかと……ひそかに願っていたが望みは絶たれた。

　靖国問題をこじらせたA級戦犯一四人は一九七八年（昭和五三年）秋、遺族にも伏せられたままこっそり合祀されていた。七九年四月になってその事実が明るみに出たものの〝後の祭り〟。厚生省から届けられた「祭神名票」に基づいて合祀したと神社側は説明しており、権力側の「戦犯復権」への隠密行動と推察できる。

2　北朝鮮不審船騒動と有事法制

２００２・１

　アフガニスタンのタリバン陣営への空爆が続く中、北朝鮮籍とみられる不審船が二〇〇一年一二月二二日奄美大島沖に現われ、海上保安庁の停船命令を振り切って逃走、排他的経済水域で交戦のすえ不審船沈没の大事件（自沈の疑いも）に発展した。一九九九年三月能登半島沖に現われた不審船に続く騒動であり、海保巡視船の追跡はギリギリの対応と考えられるが、深刻な問題を残した。第一は、危機管理システムが今回も全く機能しなかった点である。各紙の検証紙面を参考に、不審船の動きを時系列的に整理しておこう。

防衛庁から首相官邸危機管理センターに不審船の第一報が届いたのは一二月二二日一二時半ごろで、海上保安庁への連絡は一三時一〇分だったが、これより四日前の一八日に米軍事偵察衛星は奄美大島沖で不審船をキャッチして防衛庁に連絡、映像情報まで提供していた。同庁は一九日、不審船の発した無線を傍受し、同船が朝鮮労働党の周波数を使っていることをつき止めた。そして二一日午後、海上自衛隊哨戒機P3Cが奄美の北北西約一五〇キロメートルを航行している不審船を発見している。それなのに、首相官邸に第一報が報告されたのは二二日昼過ぎで、海上警備に当たる海上保安庁への連絡はさらに三〇分以上も遅れていた。拡充強化したという危機管理センターは全く機能しておらず、小泉政権の政治責任は看過できない。

「不審船、北朝鮮と交信」は、『産経』一二月二六日朝刊の見事なスクープだった。同紙は「今回の不審船との交信が確認された朝鮮労働党が主導する場合は、党中央委員会傘下にある工作・侵攻作戦などを担当する『作戦部』が絡むケースが多い。日本とその周辺での情報収集や対南(韓国)工作活動のため工作員の送迎や、金正日総書記の『金庫』を預かる『三九号室』の指令で覚醒剤などの密輸を行ってきたことを公安当局は把握している」とコメントしている。中国、韓国は不審船に関係ないことを直ちに表明したが、北朝鮮の国営通信は二六日になって「重大な謀略劇、挑戦だ」と日本を非難し、「他国の水域をも侵犯しての犯罪行為は、日本の侍《さむらい》集団が行うことができる海賊行為であり、許しがたい現代版テロとしか見られない」と決めつけた。誤りを絶対認めない北朝鮮の常套手段で、日本としては水際での監視をスピーディーに展開するしか打つ手はなさそうだ。それだけに、今回の後手後手に回った政府の危機管理態勢のお粗末さにはあきれ果てた。

第二の問題点は、日本領海（沿岸一二海里＝二二キロメートル）ではなく、排他的経済水域（ＥＥＺ・沿岸二〇〇海里＝三七〇キロメートル）での事件だったことだ。しかも不審船を発見したのは一五〇キロメートルのＥＥＺ内だったが、沈没させたのは四〇〇キロメートルも離れた中国の寧波沖だったという。国連海洋法条約一一一条では領海及びＥＥＺでの追跡権を認めているものの、ＥＥＺはそもそも沿岸国が漁業や鉱物資源などの経済活動を規制できる権利を保障したものである。巡視船は「密漁船」との判断で追跡したに違いないが、ＥＥＺ外での交戦・沈没に海洋法上問題点がなかったかどうか、調査・検証のうえ明確に総括すべき事件だろう。

巡視船が不審船を追跡中、韓国海洋警察庁と中国公安部周辺管理局と連絡をとった慎重な対応は適切と言えようが、「過剰対応」との指摘が両国から出ている点を見逃すことはできない。問題は初動のモタつきが結果的に〝深追い〟を余儀なくさせてしまったことにつき、小泉政権は対応の拙さを深刻に反省し、即応できる危機管理態勢を構築すべきだ。ひるがえってみれば、〇一年一〇月のテロ対策特措法制定と併せて自衛隊法・海保法も、「一二海里の領海内に限って、正当防衛や緊急避難などの事態だけでなく、任務を遂行するために『危害射撃』を認める」と改正したばかりである。しかし今回がＥＥＺでの事件だったため、「危害射撃をＥＥＺ内でも行えるような立法も考えたい」との意向もほのめかしている。またぞろ有事・有事の連呼で法整備という名の法案をもくろんでいることが見え見えである。

現行法制下でも危機管理センターに情報を一元化し、首相が即時に陣頭指揮を執る態勢を整えれば有事への対応はできるはずで、拙速の有事法制化の動きに危惧を感じる。有事法制には安全保障だけでなく、国民の生活・権利を規制する内容も含まれるからだ。テロ対策特措法の轍を踏まぬよう、真剣な国会審議と新聞の指摘・提言を望みたい。「日本がとった措置は、日本の右傾化に対する周辺国の懸念を増幅していると考える」との韓国『朝鮮日報』の指摘(12・25社説)は、軽視できぬ危険信号と受け止めたい。

3 「テレポリティックス」と過剰報道 2002・4

テレポリティクスが吹き荒れ、国会議員の辞職・離党劇がテレビ画面に連日映し出されている。混迷政治の現状を物語るものとはいえ、この国はどうなっているのか、不安を禁じ得ない。民主主義社会で権力の監視役を担う報道の責務は言うまでもなく、それが新聞であろうと、テレビであろうと媒体の是非は問わない。しかし、最近のマスコミ報道を振り返ると、考えさせられる問題点が多い。百数十年間築き上げてきた「新聞」が、未成熟なテレビの攻勢によって本来の言論機能が衰弱してきたと感じられるからである。新聞、テレビ双方のメディア特性を真剣に検証し、報道機関としての姿勢を確立することが急務である。「マスコミ三法」の動きを警戒しなければならない時期でもあり、〝言論の不況〟が心配だ。

■マキコ、ムネオ騒動の問題点

田中真紀子外相の登場によって、「伏魔殿」の実態が白日のもとにさらされた。外交機密費の疑惑に端を発したものだが、その後の経過を見るとスキャンダラスな方向にねじ曲げられて事の本質が見えなくなってしまった。「三方一両損」という奇妙な裁定で更迭された田中前外相や外務省体質に原因があったとはいえ、マスコミ報道自体に責任がなかったであろうか。連日お茶の間をにぎわせた外相と外務官僚の内輪げんか、そして鈴木宗男議員の傍若無人ぶりが明るみに出るに及んで、マスコミ報道はエスカレート。ワイドショー仕立てで面白おかしく取り上げる手法に行き過ぎはなかったか。「政治をお茶の間に持ち込んだ」と評価する向きもあるようだが、はしゃぎすぎの感は否めなかった。テレビ、週刊誌などに目にあまる報道があったことは多くの人が指摘しているが、新聞もまた過剰報道に流されたと感じられる。「水に落ちた犬は打て」とばかりに、「これでもか、これでもか」の報道が続いた。

田中前外相の放言と陰湿な外務官僚も数々の話題を提供してくれたが、「NGO拒否問題」「ムネオハウス」「ムルワカのビザ」「殴打事件」等々、堰を切ったようにスキャンダルのオンパレードとなった。どれも重大問題に違いないが、すべて後追いに終始した点が気がかりなばかりか、過剰報道に走りすぎたきらいが見受けられた。

例えばムネオハウス問題。国後島の「友好の家」(ムネオハウス)は、共産党議員に渡った外交機密文書から初めて明らかにされたが、一九九九年秋の開所式に記者団が同行したはずなのに、話題にもならなかったのはなぜか。同島植樹祭での外務省職員殴打事件(九六年春)が不問に付されたのも不思議である。しかし、それより重大問題と思うのは、イワノフ・ロシア外相が〇二年三月一三日の下院演説で「(『歯舞・色丹二島の返還』と『国後・択捉二島の帰属』問題の)並行協議は、日本側の一方的発表で、合意はない」という発言だ。さらに志位和夫共産党委員長が同一九日明らかにした「鈴木氏、歯舞・色丹の二島先行返還を非公式にロシア側に打診」(〇一年三月)の外務省機密文書と併せ読むと、その経緯に驚かされる。一三日の日露次官級協議で日本側は、ロシア側の強硬姿勢に押され「今後は形式にこだわらず、実質的話し合いを優先する」と、「並行協議」を断念したというのである。〇一年三月、森喜朗・プーチン会談で、歯舞・色丹の引き渡しを求めた「一九五六年日ソ共同宣言」の有効性をロシア側は初めて認めていたのに、完全に振り出しに戻ってしまった。

イワノフ発言の第一報、『朝日』(02・3・14朝刊)一面の4段扱い以外は中面でめだたず、その感度の鈍さに驚いた。日本外務省のごたごた、鈴木宗男騒動が尾を引いていることは容易に想像できるが、このような時にこそ大々的に論陣を張るべきではなかったか。ムネオ問題は個人的スキャンダルだけでなく、二元外交を許した日本政府の重大責任であり、これこそ新聞が徹底究明すべき案件だった。

■週刊誌にあおられる報道

社会民主党のホープ、辻元清美政調会長の政策秘書給与疑惑をめぐる騒動も喧騒をきわめた。『週刊新潮』（三月二〇日発売）のスクープで、その後の報道でも週刊誌、テレビの過剰報道に引きずられているような新聞報道が気になる。疑惑は当然追及しなければならないが、前者のマキコ、ムネオ問題とは次元の異なる問題なのに、マスコミ全体が与野党抗争の具に加担しているかのような印象を受ける。政策秘書問題が小さいと言っているのではなく、キヨミ問題を、党派を超えた政治全体の問題として位置づける視点こそ必要であるからだ。その点、新聞ならではの分析、問題提起がもっとわき起こらなければならないと思う。そうでないと、キヨミ個人の追及↓議員辞職で終結という構図になってしまう恐れがあるからだ。これでは、政治とカネ、秘書の問題点に抜本的メスは入れられず、政界の腐敗が改まるはずがない。

辻元議員が三月二四日のテレビ朝日（田原総一朗司会）に続き、二五日のＴＢＳ（筑紫哲也司会）に共同記者会見を拒否して出演したこともテレビ時代を象徴する事件のような気がする。人気司会者に引かれて新聞がコケにされたとも言えるが、そこに現役新聞記者が同席していたのは感心しない。彼女の弁明を視聴しながら、自らの筆で〝キヨミ論〟を書き、政策秘書改革を紙上で提起するのが新聞人の本筋である。メディアが多様化した時代だが、週刊誌やテレビの後塵を拝するようでは、新聞ジャーナリズムの前途が心配になってくる。

■新聞のスクープが持つ重み

辛口な論評になったかもしれないが、最後に新聞のスクープを二つ取り上げ、奮起を期待したい。『毎日』三月二一日朝刊の特ダネ「加藤紘一議員聴取へ、一億円受領の疑い」は久々のヒットだった。翌二二日には加藤議員が毎日新聞を名誉棄損で提訴したが、二八日朝刊各紙が同様の報道に踏み切った。次代の首相候補と目された加藤氏最大の危機で、参考人質疑の席上「議員辞職」を表明するに至った。『毎日』の投じた一石は大きく、加藤氏に決断をせまる記事だったと考える。

もう一つは、『朝日』二月二八日夕刊「ブッシュ米大統領、小泉首相に極秘文書」の特ダネだ。大統領訪日の前に送っていたもので、「日本政府が銀行検査を強化するなどの措置を取ってきたことは喜ばしい。しかしながら、銀行の不良債権や企業の不稼動資産が、早期に市場に売却されていないことに、強い懸念を感じる」と述べて、不良債権処理の遅れを指摘している。まさに外圧――小泉内閣への督促状に違いない。米国抜きでは経済政策の断行すらできない日本政治の醜態を垣間見る思いで、他紙が問題点をきちんとフォローしなかった洞察力の欠如にも失望させられた。

立花隆氏が『月刊文藝春秋』で「田中金脈問題」を暴いたとき、政治部記者が「あんなことは皆知っている」とうそぶいたという話が耳に残っている。今回は、国会議員の疑惑報道を特集した総合週刊誌の売れ行きが好調で、特に先陣を切った『週刊新潮』は十数万部も部数を伸ばしたという。週刊誌自体の努力は多とするが、毎週々々〝押せ押せ〟の政治特集を見ると、無責任な飛ばし記事の危険性を感じる。〝ムネオ特需〟とささやかれる好況と言われるが、その背景には「至上命題は部数増」の週刊誌商法かひそんでいないか。

9・11同時多発テロ以降、米国マスコミ報道がゆらぎ、公正な言論をめぐり深刻な論議が交わされている。日本の言論機関も同様な局面に立たされているとの現状認識が肝要である。

「日本の『失われた十年』については、マスコミ関係者の著書を含めてさまざまな論評がなされている。だが、政府の政策運営や経営者行動に対する批判や総括はできても、マスコミの報道がその政策形成に与えた影響を論じたものはほとんどない。日本がいまだに困難を克服できず、その傷を深めている中で、多くのマスコミの議論は、目の前の問題や傍観者的な批判に費やされ、俳句の季語のように関心は移っている。各分野で始まった挑戦に対する適正な評価もなされていない」との工藤泰志・言論NPO代表の指摘（『朝日』3・30朝刊）は的を射ている。新聞は〝言論性〟を高めなければならない。

4　公明党の影響力の行方は？――03年総選挙　2003・12

「国家目標なきコンセンサスの強化、とりわけ自覚なしに起こる『右傾化』ならぬ、『右への漂流』であろう」と、ジェラルド・カーチス氏は「政策論争なき総選挙を問う」との論稿（『フォーサイト誌』〇三年一二月号）で警告している。

新聞は〇三年一一月の総選挙報道で、「マニフェスト選挙」「二大政党化」のキャッチフレーズを喧伝した。たしかに、自由党を吸収合併した新「民主党」が四〇議席伸ばし一七七議席を獲得した躍進は、自民党二三七議席（総選挙開票時）に肉薄し、政権交代可能な「二大政党」に近づいたものと評価できる側面はある。しかし、解散時より十議席減らした自民党は、保守新党解体・合併に動いたばかりか、無所属議員を吸収して〝選挙戦敗北〟を挽回する議席を直ちに確保してしまった。

選挙民を愚弄する常套手段だが、さらに今次総選挙での奇怪な現象は、自民・公明連携の投票誘導戦術だ。自民党立候補者の七割が公明党推薦を受けたという状況を裏書きするように、「小選挙区は自民候補に、比例区は公明党へ」と訴えた自・公候補や応援演説の両党幹部がいかに多かったか、異常な現象だった。友党間の選挙協力を否定しないが、今回の自・公協力のすさまじさは常軌を逸していた。小選挙区で民主党に勝つためには、公明票にすがらざるを得ない切羽つまった事情が各地にあったからだ。選挙戦術とはいえ、自民党幹事長が「比例区は公明党に」と叫ぶ姿に、〝落日の自民党〟の姿を感じた。

党派別得票数を精査すると、自民党は小選挙区で二六〇八万九三二六票（当選一六八）、比例区で二〇六六万一八五票（当選六九）。これに対し、民主党は小選挙区二一八一万四一五三票（当選一一三七）、比例区二二〇九万五六三六票（当選七二）だ。キャスティングボートを握った公明党は小選挙区八八万六五〇七票（当選九）、比例区八七三万三四四四票（当選二五）だった。小選挙区で自民党を公明党が助け、比例区で自民党が公明党を救った構図が如実に浮かび上がる。小選挙区で自民党が勝ち、比例区では民主党が勝った理由も分かるではないか。こう見てくると、公明党は選挙前より三議席増やしただけだが、自民党の転落を防いだ〝真の勝利者〟と言えるだろう。「もし公明党の全面協力がなければ、自民党は二百議席前後ではなかったか」との分析は当たっていると思う。

ここで論じたいのは、与党の公明党が議席数以上の力を握ってしまった影響力の行方である。言うまでもなく、公明党のバックには「創価学会」が控え、政教分離は建前だけで、その実態は学会員の組織的選挙だったことは明らかだ。そこで自民党は「苦しい時の公明党＝創価学会だのみ」に狂奔したと断言できよう。新聞各紙は「公明党の影響力増大」を指摘しているものの、もっと踏み込んだ背景分析をしてほしかった。今からでも遅くはない。将来の日本のために、公明党の思惑や政治的狙いを徹底分析してほしいと思うのである。商業新聞として複雑な事情も仄聞しているが、商取引と言論活動との一線を堅持しつつ、隠された問題を発掘し、疑問点に応えてもらいたい。

「二大政党化歓迎」の論調は強まっているが、果たして手放しで喜べるだろうか。現行の「小選挙区比例代表並立制」そのものに欠陥があり、その結果、死に票や少数党不利の現象が歴然としてきた。欧州では二大政党に翳りが見え、第三党の動きが活発化している。少数意見の尊重は、議会制民主主義の責務だろう。「小選挙区で落選・比例区で復活」のダブル立候補制にも疑問がある。問題点を具体的に洗い出し、選挙制度の見直しを求める報道も必要ではなかったか。

時の政治権力の〝隠れ蓑〟に堕した政府諮問機関や形骸化した本会議代表質問・党首討論、上辺だけの参考人招致など、国民の目から見れば実効なき論議が多すぎる。これらは形式的セレモニーにすぎず、けっきょくは自・公勢力の数で重要法案が矢継ぎ早に可決されていく。この政治権力の横暴を、新聞は厳しくチェックし、悪しき慣習を打破して国会審議を活性化させる問題提起をしてほしい。

■中東での「親日的財産」を失う恐れ

「日本は欧米と違うと思っていたのに裏切られたという感覚から、日本が憎いというよりは、信頼を寄せた自分たちが腹立たしいという気持ちで、日本への見方を変えたのではないか」——イラクで日本外交官二人殺害の悲報に、中東問題専門家・板垣雄三東大名誉教授が肩を落として漏らした言葉（『東京』12・1朝刊）だが、9・11テロ後の日本外交の拙劣さが、長年積み上げてきた友好の貯金を無にしてしまった責任はきわめて重大である。

ブッシュ米大統領が〇三年五月一日「イラク戦争勝利宣言」を出したにもかかわらず、ゲリラ戦の様相を一層濃くしてきた。「イラク復興特別措置法」を強行可決し、自衛隊派遣を決めたものの、状況は悪くなるばかりで、小泉首相は「状況を見きわめて判断」とオウム返しに答えるだけ。一二月初め提出された政府調査団報告も一部の治安は良好と言っているが、「安全地域はない」と読める。それでも、小泉政権は九日、「派遣基本計画」を決定した。しかし「非戦闘地域はない」状況へ向かうばかりだ。「戦闘地域には自衛隊を派遣しない」との基本原則がくずれてしまったのに、〝対米公約〟に引きずられて独自の状況判断を下せない日本外交の無力が情けない。「テロに屈してはならぬ」「支援の戦列から手を引くな」との『読売』『産経』『日経』の主張（12・1社説）がある一方で、「いま私たちが考えるべきことは、自衛隊をいつ出すかという点ではなく、『米国の一極支配に世界の平和と日本の安全を委ねる道』を日本が国家路線として選ぶか否かの選択だろう。……二人の死に立ちすくみ、考え込む『勇気』を持つ時だ」（『毎日』12・2朝刊＝外信部長）との視点もある。『朝日』は「日本には独自に築いた中東外交の実績もある。ならば、米国に物を言いつつ、イラク復興と反テロ協調の旗を振ることはできるはずだ。自衛隊派遣だけにとらわれた狭い視野から抜け出さなければならない」（12・1社説）と述べる。『東京』も「態勢を整え直せ」（同）と要望するなど、新聞論調は二分、世論は慎重論が高まっている。

「中近東では、日本人と聞けば必ず返ってくる言葉はヒロシマ、ナガサキであり、日本をよく知る人たちは憲法第九条を、好感を持って話題とした。親日的な背景に、曲がりなりにも半世紀以上、日本がいかなる戦争にも加わらなかったことへの信認があるのを、彼らの目から読み取った。この無形の財産は人々の努力の総和であるとともに、為政者の錯誤によって一瞬のうちに潰え去る危うさを内包する。自衛隊派遣には、五八年間にわたって蓄積してきた日本だけが持ち得る無形の財産を剥ぎ盗ろうとする何者かの意思が感じられてならない」――井出孫六氏の文章(『朝日』11・27夕刊)に、明敏な作家の洞察力を感じた。そして、筆者も「日本は対米追随路線から脱却して、堂々と平和構築のメッセージを発信し続けなければならない」との思いに興奮した。それは、ヒロシマ・ナガサキ・オキナワの悲劇と通底する「平和への祈り」でもあるからだ。

5　人質事件の衝撃と自己責任論

2004・5／04・6

「イラクの暫定統治、憲法に基づいた政府の樹立には、なお相当の時間とエネルギーが必要です。その重荷を米国と一部の連合参加国だけでは、いずれ背負い切れなくなるでしょう。その時、国連という機関の役割が必ずや大きくなってきます。これを見越して、例えば安保理事国でありイスラム国でもある、シリアやパキスタンを前面に押し立てて、イスラム勢力と非イスラム勢力との衝突ではなく、『国際社会とテロの戦い』という構図をイラク復興の中で確立することに日本政府が関与できる余地がもっとあるかもしれません。このような策を講じてこそ、『自分が負傷しても任務を解かないでくれ』と叫びながら瓦礫の下で（八月）亡くなっていった、デメロ国連事務総長特別代表の遺志を生かせるのではないでしょうか。」

デメロ代表を追うように、二〇〇三年一一月末凶弾に倒れた奥克彦・外務省参事官（当時）が『外交フォーラム』誌〇三年一一月号で訴えた遺稿（イラクの戦後復興における国連の役割）の〝結び〟の一節は鋭く、心をえぐる。日本人初の犠牲者の、この悲痛な叫びは、米一国主義で混迷を深めているイラク情勢を予見していたと思えてならない。「外交官の死を無にするな」と、拙速のイラク特措法制定で派兵された自衛隊は今、サマワ駐屯地で動きが取れない状況に追い込まれている。あの悲劇から五カ月、邦人五人の拘束・人質騒動が日本の世論を大きく揺さぶった。そこには「この国」に根を張る国家権力と市民的自由のせめぎ合いがクローズアップされ、政府と一部マスコミの強権的姿勢を危惧する声が強い。

■権力を笠に着たバッシングの嵐

カタールの衛星テレビ「アルジャジーラ」は二〇〇四年四月八日夜（日本時間）イラク国内で

が走った。

日本人三人が拘束され、「自衛隊が三日以内に撤退しなければ殺害する」と、生々しい映像とともに伝えた。高遠菜穂子さん（三四歳）、郡山総一郎さん（三二）、今井紀明さん（一八）の三人で、一五日夜解放されるまでの八日間、〝重苦しい空気〟が日本全土を覆った。さらに一四日、安田純平さん（三〇）、渡辺修孝さん（三六）の拘束事件（三日後に解放）が続き、一層の衝撃が走った。

「自衛隊の一時撤退という選択肢はないのか。……小泉首相に会って訴えたい」という家族の懇願に対して、政府と一部マスコミは「自己責任」論を振りかざして「政府の勧告を無視した勝手な行動」とばかりにバッシングの嵐――。

「外務省は今年に入ってイラクからの退避勧告を一三回も出している。ぜひこれに従ってほしい。日本の主権が及ばない所では保護にも限界がある。安全、生命の問題であり、自己責任の原則を改めて考えてもらいたい。」（四月一二日、竹内行夫外務次官）

「これだけ多くの人たちが救出に努力してくれているのにそういうこと（イラクでの活動を継続したい）を言うんですかね。自覚を持っていただきたい。」（四月一六日、小泉首相）

「人質の中には自衛隊のイラク派遣に公然と反対していた人もいるらしい。そんな反政府、反日的分子のために血税を用いることに強烈な違和感、不快感を持たざるを得ない。」（四月二六日、柏村武昭・自民党参院議員）

高遠さんは解放直後の一六日朝、今後の活動につき質問を受けて「続けます」と即答、「今はすごく疲れてショックなこともたくさんあるけど、イラクの人を嫌いになれない」と涙ぐむ映像を見た。この発言に目くじらを立てた首相の冷酷さ、柏村発言に至っては言語道断だ。拘束された五人とも「状況判断の甘さ」を反省しているのに、「このバカ者。政府に迷惑かけやがって……」と言わんばかりの政治権力者の暴言が恐ろしい。この国では、NGO活動も、言論の自由も、海外渡航の自由も〝絵に描いた餅〟にすぎないのだろうか。

一部マスコミが、世論のバッシングをあおったことも否定できない。事件当初から人質三人の責任を厳しく追及したのは『読売』で、一〇日付社説で「危険を承知でイラク入りしたのは無謀な行動だ。三人にも、自らこうした事態を招いた責任がある」と非難。竹内外務次官が語った「自己責任論」は、この『読売』論調に便乗した感が深い。さらに『読売』は一三日付社説で「人質の家族の言動にも、いささか疑問がある。記者会見で、公然と自衛隊の撤退を求めていることだ。……自己責任を欠いた、無謀かつ無責任な行動が、政府や関係機関などに、大きな無用の負担をかけている」と厳しい。『産経』『日経』社説も『読売』と同じような論旨だった。

■「日本人は彼らを誇りに思うべきだ」

「誰も危険を冒さなければ、私たちは前進しない。より良い目的のため、自ら危険を冒した日本人たちがいたことを私は嬉しく思う。彼らや危険を承知でイラクに派遣された兵士がいることを、日本の人々は誇りに思うべきだ。」（四月一五日、パウエル米国務長官＝TBS特派員の質問

に答えて）

日本国内の「自己責任論」大合唱に、外国特派員は違和感を持ったようで、〝不可解な日本〟を指摘する記事がめだった。「パリ共同電」は、「二〇日付『ル・モンド』紙が日本国内に『自己責任論』が台頭していることを東京発で紹介、政府や保守系メディアが人質の無責任さを責め、健康診断や帰国費用の負担を求めたことを批判し、次のように指摘している。『日本人は人道主義に駆り立てられた若者を誇るべきなのに、政府などは人質の無責任さをこき下ろすことにきゅうきゅうとしている。イラクでの仕事を続けたいという人質の発言に、政府と保守系メディアに無理解と怒号が沸き起こった。費用負担要求の慎みのなさは制裁まで伴っている』」と報じている。

韓国『東亜日報』（4・20）の東京特派員コラムも「帰国した三人の姿は、まるで海外に護送される犯罪者のようだった。さまざまな国の人がイラクで誘拐事件に巻き込まれたが、日本のように人質が謝罪した国はない」と指摘、日本社会の異常さに疑問を投げかけている。

一方、『朝日』・『毎日』・『東京』（中日）の論調には、『読売』のような〝人質バッシング〟はなかったものの、行き過ぎた国家権力の危険性を鋭く衝く論調は見当たらなかった。大手マスコミは、政府のサマワ引き揚げ要請を受け入れ、派遣記者を撤退。事実上フリージャーナリストに頼らざるを得ない現状になっている。この現状をどう考えるべきか。〝企業ジャーナリズム〟の限界、堕落を嘆く声を耳にするのがさびしい。こんな中で、五月三日付『東京』の次の論説に賛意を表したい。

「自己責任論は、権力を握る側の『逆らうヤツは助けてやらないぞ』という恫喝に聞こえました。それ以後、解放された人質、家族が自由にモノを言えなくなったのは恐ろしいことです。……窮地に陥った国民に対しては、それがたとえ政府の方針に反する考えの持ち主であっても、そして費用がかかっても、救いの手を差しのべるのは政府の責務です。……かつての日本は、政府の決めた国策遂行が最優先、国民を統制し、反論を許さない翼賛政治が行なわれました。その結末は悲劇的でした。国家を優先する考え方の小泉首相のもとで翼賛政治になったら――厳しい警戒が必要です。」

極度のPTSD（心的外傷後ストレス障害）に追い込まれた高遠さんを除く四人の帰国会見を聞き、その純粋な志が明らかになるにつれ、無事解放に至る真相が分かってきた。イスラム聖職者協会の協力を引き出せたのは、高遠さんらのイラク救援活動の実績が彼らの心に通じた結果と推察できる。「日本政府よ、奢るなかれ」である。

（04年5月記）

■フリー記者射殺と大手紙特派員

二〇〇四年四月に高遠菜穂子さんら五人の拘束騒動が発生したイラクで五月二七日夕（現地時間）、日本人フリーカメラマン二人と現地人通訳が射殺された。橋田信介さん（六一歳）、小川功太郎さん（三三）で、サマワ自衛隊宿営地をこの朝訪ね、「立入り取材記者章」の交付を受けたあとバグダッドへ向かう車が襲撃されたのだ。橋田さんはベトナム戦争も取材したベテランカメラマンで、イラク戦争取材を再三行なっていたという。事件の経過はすでに報道されているので、イラクの現状と今後の問題点に若干触れておきたい。

サマワの陸上自衛隊宿営地には六月現在五〇〇人を超す隊員が宿泊、給水活動などを行なっている。マスコミ各社は政府側と報道協定まで結んでサマワに取材陣を送り込んだが、邦人人質事件の前後に特派員を全員引き揚げてしまった。現在サマワには日本電波ニュース記者とフリー記者しかいないという。自衛隊宿営地にも迫撃砲弾が撃ち込まれ、「非戦闘地域」の保障がなくなったからだろうか。駐留オランダ兵と地元民兵との銃撃戦も伝えられており、人道支援活動が平和裏に行なえる状況ではないと推察できよう。

ところが、サマワに特派員を送っていた大手新聞に、「特派員をなぜ引き揚げたのか」「サマワ周辺の深刻な治安状況」について詳細な記事が見当たらないのが不思議だ。「サマワ現地取材」の経緯を紙面化する責務があると考えるがどうか。さらに論じてもらいたいのが、「政府は、サマワを非戦闘地域と強弁し続けられるか」という点である。もしサマワが、特派員を一斉引き揚げざるを得ないような〝危険地域〟と推定されるなら大問題。「イラク特別措置法」に基づけば、戦闘地域で自衛隊は活動できないからだ。いぜん自爆テロ、爆発騒ぎの絶えないイラク情勢とサマワの現状をどう認識したらいいのか。『毎日』朝刊の「記者の目」などに記者個人の〝自衛隊撤退論〟などが散見されるものの、社論としての問題提起がどの新聞にも見当たらないのは何故か。政治的にきわめて難しいテーマであることは十分承知しているが、政府に物申す勇気がほしいのだ。
（04年6月記）

6　国民を愚弄する「年金」論議　2004・6

だましのテクニックが、政治・社会を混乱させている。「年金国会」での国民を愚弄する政府答弁、果ては問答無用の強行可決。こんな政府に国民は未来を託せるだろうか。

年金審議大詰めの二〇〇四年六月二日の衆院決算行政監視委員会で、小泉首相がまたも〝はぐらかし答弁〟で体をかわした。三〇数年前の実体なき会社勤務と厚生年金疑惑を追及され、「人生いろいろ、会社もいろいろ、社員もいろいろだ。『家にいてもいいよ』『海外旅行をしてもいい』という会社もあり、これも社員だ」と、平然と言ってのけた首相の傲慢さにあきれ果てた。

一九六九年の衆院選に落選した小泉首相は、七〇年四月に福田赳夫議員の秘書になったが、同時に横浜の不動産会社に就職したことになっている。会社勤務せずに給料を貰い、厚生年金に加入。七二年四月の衆院議員初当選後も会社員の身分はそのまま、七四年一一月厚生年金脱退まで四年あまり不法加入者だったことが判明した。このほかにも年金未納期間があったことも暴かれているが、この〝隠れ厚生年金〟は詐欺行為であり、見逃すわけにはいかない。ところが、小泉首相は岡田克也民主党代表の追及に対し、不明を詫びるどころか、「人生いろいろ」答弁で煙に巻いてしまったのだ。

新聞の追及はいかにと三日朝刊を開いたところ、一面でまともな扱いをしたのは『毎日』一紙だけ。他の在京五紙は内政面回し。小泉首相の軽はずみ答弁に慣れっこになってしまったのか、言論機関としての問題意識の無さが情けない。首相自身がこんな姿勢では、国民から「年金いろいろ……払わないのも勝手でしょ」と、そっぽを向かれても仕方あるまい。唯一この日の社説に取り上げた『朝日』の追及も手ぬるく、「岡田民主党、愚直でいくしかない」との論調には迫力が乏しかった。

明けて三日の参院厚生労働委員会。衆院本会議での「年金法案可決」（五月一一日）のあと、〝良識の府〟参院審議に淡い望みをつないだが、またも恐るべき〝抜き打ち採決〟。自民党側が虚を衝いて質疑打ち切り動議を出し、小池晃（共産党政策委員長）、福島瑞穂（社民党委員長）、西川きよし（無所属）三氏の質問を封じて採決を強行した手口は、議会制民主主義を踏みにじる暴挙。各紙は強行可決を大きく報じたものの、政府与党のひどすぎる国会運営を厳しく追及すべきではなかったか。与野党議員のつかみ合いをニヤニヤ見つめる首相がテレビに映し出され、すべて出来レースの印象である。「筋書きどおりで、やむを得ぬ混乱」と政治記者が不感症になってしまっていたら一大事だ。

最終舞台が参院本会議に移り、四日午前から五日朝までの与野党の泥仕合と強行可決・成立の狂乱にはあきれた。民主党の〝秘策〟も問題ナシとしないが、元凶は「何が何でも改正年金法を通す」と狂奔した政府与党にあったことは明らかだ。そもそも「改正年金法案」には疑問点が多すぎた。「政府の情報小出しには目にあまるものがあった。将来の年金給付額について『モデル世帯で現役世代の五〇％（現行五九・三％）を確保する』と説明してきたのが、給付開始直後から一定期間をすぎると一〇ポイント近く減る。共働きや独身世帯ではさらに下がる。こんな重要ポイントが初めて公表されたのは、審議最終段階だったのだ。政府与党のその不誠実は責められて当然だ」と、『東京』社説（6・4）が指摘した通りである。

国民不在のこの現実、国会審議の大混乱を座視できるだろうか。特に「法案採決を急がず十分な審議を」と警告していた『朝日』『毎日』『東京』は、この政府の暴挙をもっと鋭く追及すべきだったと思う。数の論理で押しまくる政治手法を糾弾し、権力の横暴に歯止めをかけてほしいとの願いとは逆に、「最後の抵抗　昔の手口」の大見出しを掲げ一方的に民主党を論難した『朝日』六日朝刊（『時時刻刻』）には失望した。民主党に反省をせまる前に、政府与党の失政と問答無用の国会運営にこそ糾弾の矢を放つべきだろう。

「押しつぶされたのは『信頼』」と『産経』（6・5主張）も嘆いていたが、『読売』『日経』は「年金抜本改革案を早急に」などと、当たり障りのない論調だ。年金審議のズサンさを追及していた『朝日』『毎日』はこの暴挙にもっと怒り、「議会政治の形骸化」に警鐘を鳴らす論陣を張ってもらいたかった。

7　横田めぐみさんの遺骨は別人だった　2004・12

北朝鮮が日本訪朝団に手渡した「横田めぐみさんの遺骨」は別人のものだった。——二〇〇四年一二月八日の政府発表に日本国民は慨嘆し、卑劣極まりない北朝鮮の欺瞞工作に愕然とさせられた。

二〇〇二年九月一七日、小泉首相が訪朝して金正日総書記と共に署名した「平壌宣言」には、「人道上の問題や安全保障上の諸懸案に誠意を持って対応する」と明記され、拉致三家族・一三人の帰国が実現したことは喜ばしいことだが、横田めぐみさんら特定失踪者一〇人の消息は依然ナゾに包まれたままで、さらに百人を超す失踪者も指摘されている。

北朝鮮は三家族を日本に引き渡し、「横田さんら八人はすでに死亡、二人の拉致は確認できない」と再通告して拉致問題にケリをつけようとの魂胆だった。しかし、北朝鮮のでっち上げやねつ造工作が次々暴かれてきた。小泉首相の二回目の訪朝（二〇〇四年五月二二日）で、ジェンキンス氏ら三家族全員が日本に戻ることができた（曽我ひとみさんの母親だけが不明）。さらに残る問題を協議するため、一一月九日から一五日、平壌で第三回実務者協議が行われた。しかし七日間にわたる会談は、北朝鮮の不誠実な対応に振り回される形となった。唯一の物証として持ち帰った「遺骨」が、精密なDNA鑑定によって「別人の骨で、しかも二種類のDNAが検出された」との発表にはあきれ果てる。「入念に焼いたから鑑定できまい」との悪知恵が見破られ、北朝鮮関係者は狼狽しているに違いない。

「北朝鮮の行為はめぐみさんの生死をもてあそんだ上に、両親を傷つけ、日本国民を欺いた。……そもそも安否調査は五月の日朝首脳会談で、金総書記が小泉首相に確約したものだ。首脳同士の約束が一方的に破られる事態は重大である。……小泉首相は五月の再訪朝で二五万トンの食糧援助を約束し、すでに半分を供与している。残る半分の支援の実施について国民は納得しまい。首相は『虚偽の資料はきわめて遺憾だ』と述べているが、明確に凍結を宣言すべきだ」（『新潟日報』12・9社説）との怒りは当然であり、他紙もそろって北朝鮮外交の欺瞞性を厳しく断罪している。

〝ならず者国家〟を裏書きするような無法ぶりだが、歴史的に因縁深い北朝鮮だけに、今後どう難関を打開していけばいいか、きわめて深刻な課題をつきつけられてしまった。

「『対話と圧力』という北朝鮮への対処方針のうち、こんなことでは『対話』が成り立たなくなる恐れが出てくる。だとすると、北朝鮮に対して経済制裁に踏み切るべきだとの声が高まるのも自然の成り行きだ」（『毎日』12・9社説）。制裁論が高まってきているが、勇ましすぎる対応は避けねばならない。経済制裁それ自体は目的ではなく、目的は拉致問題の解決だからだ。自民党は「人道支援の凍結・延期」から「船舶の全面入港禁止」まで五段階の経済制裁案を策定してシミュレーションしているというが、党内意見は集約できていないようだ。六カ国協議メンバーの米国・ロシア・中国・韓国への根回しと制裁のタイミングに慎重な配慮が望まれる。三年前の第一回日朝首脳会談以来、官邸―外務省―与党の不協和音がしばしば聞こえてくるのは気懸かりだ。〝内輪もめ〟の二元外交は、北朝鮮を利する危険性があり、新聞もまた入念な分析と洞察力に基づいて〝正論〟を主張してもらいたい。

8　A級戦犯合祀など歴史認識の欠如

2005・1

小泉首相は二〇〇一年の就任以降、靖国神社参拝を毎年続けているが、五回目となる二〇〇五年の参拝をどう目論んでいるだろうか。靖国参拝問題が毎年々々問題になる主原因が、東条英機元首相らA級戦犯の合祀にあることは明らかである。このほかにも、戦前の国家神道、「政教分離の憲法違反」が指摘されているが、中韓両国が重要視しているのは戦犯合祀に違いない。ところが小泉首相は全く聞く耳を持たず、「戦没者の霊に哀悼の意を捧げるのは当然」と言い張って、〇二年四月二一日、〇三年は一月一四日、〇四年には一月一日と、日時を変えてまで参拝を強行している。そのたびに歴史論争が再燃し、日中首脳相互訪問は三年あまり中断したままだ。「政冷経熱」と憂慮される現状を、これ以上放置すれば禍根を残す。そこで、〇四年一一月末チリとラオスで相次いで開かれた国際会議を機に、小泉首相は胡錦涛国家主席・温家宝首相と個別会談を持った。ところが、両首脳から「小泉首相の靖国神社参拝」を強く批判され、「参拝は不戦の誓いだ」と弁解しつつも、「胡主席が言われたことは、誠意を持って受け止める。今後適切に対処していきたい」と表明せざるを得なかった。

「『適切に対処』という中国側への約束によって大きな課題を背負った」（『朝日』04・12・3朝刊）形になったが、小泉首相の参拝への執着は強いようだ。一方、韓国では与野党国会議員有志が一二月七日、「小泉首相の靖国参拝中止と同神社への韓国人合祀取り下げを求める決議案」が提出され、いぜん〝靖国論争〟がくり返されている。

『朝日』社説（04・11・23）は「私たちは、首相の参拝に反対だ。戦没者への思いは思いとして、靖国は戦前の軍国主義の精神的支柱だった。東京裁判でA級戦犯とされた人々を合祀している。中国側の参拝批判もこの点に絞られている。つらい歴史にもけじめをつけてこそ、尊敬される国になれる」と述べ、「だが、中国にも考えてもらいたい。……靖国に限らず、中国は『歴史カード』を使って日本を責め続けるのではないか。そんな思いを日本国民に持たせることは好ましくない」として、両国間の〝劇的な打開策〟を強く要望していた。

江沢民政権から戦後世代・胡錦涛政権に移行したことで、歴史問題への柔軟路線を期待していただけに、日本政府は戸惑いを隠せない。「本来、歴史問題はそれぞれの内政であって、他国が干渉すべきではない。全権掌握後の胡主席が江沢民時代の対日圧力外交を続ける表れとすれば、失望を禁じ得ない」との指摘（『産経』11・23「主張」）もあるが、〝政冷経熱〟を憂える識者・

財界人が増えている現状を、小泉首相は冷静に受け止め適切に判断すべきではないか。

前述したように、小泉首相が「靖国参拝」にこだわるようになった動機が不純であるうえ、戦前の軍国・日本の精神的支柱が「靖国」にあったとの歴史認識が著しく乏しいため、識者の指摘が理解できないようだ。「伊勢神宮に参拝しても、文句は出ない。靖国神社に行ってなぜ悪い」と嘯く首相の不勉強にはあきれる。この点につき、哲学者の梅原猛氏が明快に指摘しているので、その一部を紹介しておく。

「明治の初めの廃仏毀釈《はいぶつきしゃく》で、仏を殺し、修験道を禁じた。その代わりに、国家を神とする神道が近代国家として起こったのです。天皇と国家を神としたのが新しい神道でしたが、昭和二〇年に否定されたわけです。……伝統にあらざる神道、国家を神とする神道を首相が公式参拝して保護することがいいかどうかという根本問題です。」(『世界』二〇〇四年九月号)

〝人間宣言〟された昭和天皇は戦後も例大祭には靖国神社を参拝していたが、一九七八年A級戦犯が合祀されてからは「靖国」を訪ねていない。象徴天皇が参拝を拒んだ問題点に気づかず、「伊勢」と「靖国」の区別すらできない小泉首相の無知と頑迷さが、今年もまかり通るようでは一大事だ。

9 〝小泉暴言〟が日中摩擦に拍車

2005・6

小泉首相の「靖国神社参拝」をめぐる日中関係の険悪化は、放置できない状況である。そこで、再検証に先立ち「靖国神社」の予備知識を整理しておくと、戊辰戦争での官軍の戦死者を弔うため、明治二年「東京招魂社」が創建され、一〇年後に「靖国神社」と改称された。幕末の志士、吉田松陰や坂本龍馬らも合祀されているが、西南戦争の賊軍・西郷隆盛は祀られていない。

〝靖国の神〟は、国のために戦死・戦病死した(「ひめゆり部隊」なども含む)二四六万六五三二柱(〇四年一〇月一七日現在)。東郷平八郎や乃木希典は戦死者でないため合祀の対象ではない。神社側に基礎資料を確認したところ、各戦死者名は「霊璽簿《れいじぼ》」に記帳して保管(非公開)し、「二四六万柱の御霊《みたま》を『一座』として本殿に祀っている」という。いわゆる「御神体」は靖国神社にはなく、鏡だけが飾ってあるシンプルな神殿である。所管省庁から神社へ送られてきた戦没者名を「霊璽簿」に記載することによって祭神となる。太平洋戦争敗北までの累計が二四六万柱に達したわけで、そこには戦前日本人だった台湾人二万八〇〇〇余柱・朝鮮人二万一〇〇〇余柱も含まれている。

日本古来からの神道とは趣きを異にした、天皇親政下の「国家神道」――そのシンボルが「靖国神社」である。一神社の在り方が国際問題に発展したのは不思議なことだが、深刻な対立の根っこに、「A級戦犯合祀」があることは明らかで、小泉首相の不用意な発言や行動が中・韓両国の怒りを増幅させてしまった。

■首相の軽率な発言が反発を招く

小泉首相は二〇〇一年政権の座に就いてから、〃公約〃の靖国参拝を毎年強行してきた。参拝の都度日中関係は悪化し、首脳の相互訪問を凍結せざるを得ない事態に陥ってしまっている。それなのに、小泉首相は「他国が内政干渉するのはおかしい」「心ならずも戦没された方々に哀悼の意を捧げる参拝で、A級戦犯のためではない」「『罪を憎んで人を憎まず』とは、孔子の言葉だ」などと平然と答えるのみで、靖国問題の背景を考えることを頑なに拒否している。特に「罪を憎んで……」とは、全く的外れな引用。加害者（日本）が被害者（中国）に向かって吐く言葉ではない。しかも、この言葉は「孔子ではなく、九代目・孔鮒《こうふ》の言葉」という。古典や警句の〃つまみ食い〃で相手を煙に巻く小泉流話術は噴飯ものである。

こんな独りよがりの小泉政治に、外国メディアも「落としどころなき、日中のすれ違い」（『ニューズウィーク』誌05・6・8）などとあきれ顔だ。そもそもA級戦犯一四人が合祀されたのは、サンフランシスコ講和条約発効から四半世紀後の一九七八年。関係者だけの判断で〃祭神〃に潜り込ませていたことが後日判明、このため天皇陛下参拝を取り止めたことは周知の事実である。六〇年前の敗戦時を振り返れば、日本は東京裁判を受け入れてサンフランシスコ講和条約に調印、国連にも加盟して国際社会に復帰したのである。この事実は世界共通の〝歴史認識〟と言っていい。

「小泉首相はアジアに向かって九五年の村山首相談話を引用するだけ。靖国参拝に関して『他の国が干渉すべきでない』と語る。戦死者を祀る靖国神社に行ってなぜ悪いという。A級戦犯といわれる人たちは、戦時の国家指導者として政治的責任をとるべきなのです。（A級戦犯を合祀したままで）『靖国参拝がなぜ悪い』という、その論理は、日本国内でしか通用しない。アジアに通用する論理で語らず、『東アジア共同体』といってみても、成立しないでしょう」と、松本健一氏（評論家）が喝破している通りだ（『朝日』05・5・26朝刊）。

首相の頑なな姿勢を心配している折、森岡正宏・厚生労働政務官の暴言（〇五年五月二六日、自民党代議士会）には驚かされた。「極東国際軍事裁判は、平和や人道に対する罪を勝手に占領軍が作った一方的な裁判だ。A級戦犯は罪人ではない」と息巻いたのだ。言語道断な発言を不問に付した政府の態度には、国際条約軽視の姿勢が透けて見える。

小泉首相は二〇〇四年一一月チリで会談した胡錦涛中国主席の追及に対して、「今後の靖国参拝は適切に処理する」と述べて理解を求めたものの、その後の首相には「内政干渉するな」との居丈高な言動がめだつ。四月にジャカルタで両首脳が会った際も、「適切に処理する」のくり返し。このため胡主席から「行動で示してほしい」と突っ込まれ、全く実りない接触に終わった。六月二日の衆院予算委でも「いつ靖国に行くかは適切に判断する」とオウム返しに答えるばかり。ただ、岡田克也・民主党代表の執拗な追及に、「東京裁判で（A級戦犯は）戦争犯罪人と指定されており、その点は受諾している」と答弁せざるを得なかった。

■『読売』が「国立追悼施設を」と訴える

事態を憂慮した中曽根康弘・元首相は二〇〇五年六月三日の講演会で「（A級戦犯を）分祀するのが一番いいが、時間がかかる。ならば参拝をやめるのも一つの立派な決断だ」と述べ、首相に参拝中止を促した。河野洋平・衆院議長も首相経験者八人の意見を集約したうえで、七日に首相を訪ねて「こういう状況の中で、慎重の上にも慎重に考えるべきだ」と自粛を求めている。首相は河野氏に「よく分かった」と答えたというが、その後記者団には「適切に判断するとしか、いまは言わない方がいいと思います」との弁明をくり返すだけ。森喜朗・前首相も一〇日の講演で「自分の気持と国家の命運のどちらを優先させるべきかだ。日本の将来がどうなるかという問題だ」と述べ、自粛を言外に匂わせている。

『朝日』『毎日』『東京』が「首相参拝の自粛」を主張していたのに比べ、『読売』の論調にあいまいさを感じていたが、六月四日「国立追悼施設の建立を急げ」と題する一本社説を掲げて旗幟を鮮明にしたことが注目される。「小泉首相は、いわゆるA級戦犯について『戦争犯罪人であるという認識をしている』（六月二日、衆院予算委）と述べた。『犯罪人』として認識しているのであれば、『A級戦犯』が合祀されている靖国神社に、参拝すべきではない。……靖国神社が神道の教義上『分祀』は不可能と言うのであれば、『問題解決』には、やはり、無宗教の国立追悼施設を建立するしかない」と言い切ったのだ。理解しやすい常識論と思えるが、『産経』が七日の主張欄ですかさず取り上げ、「最近、朝日新聞だけでなく、保守主義を基調とする読売新聞までが『国立追悼施設の建立を急げ』とする社説を掲げた。……首相の靖国参拝について『他国の干渉によって決めることではない』とした『読売』の論調（5・25「社説」）は、どこへ行ってしまったのだろうか」と批判したのは異常な反応だ。

自国の歴史認識に明らかな過誤があった場合、他国からの指摘を〝内政干渉〟と一方的に退けることはできまい。そもそも侵略戦争こそ究極の内政干渉ではないか。被害国には戦争の歴史的評価に対して異議を申し立てる権利があり、それを抜きにして共通の〝歴史認識〟を得られるはずがない。特に靖国問題では、「A級戦犯合祀」をあいまいに処理したままで乗り切ろうとした日本側に「歴史認識の欠如」があったわけで、開き直って「内政不干渉」と言い張れる道理はなかろう。

「小泉首相がA級戦犯の合祀された靖国神社に参拝することで、日本政府が村山総理談話に示された政策を変更したかの印象を生んだ。一方、官房長官の私的懇談会は、小泉政権下、靖国に代わる無宗教の国立慰霊施設の建立を提言している。いま首相のなすべきことは、アジア・アフリカ会議における演説を踏まえ、靖国参拝をやめ、新しい国立慰霊施設の建立を決定し、胡錦涛主席訪日の際には参拝してもらうことである」という白石隆氏（政策研究大学院大学副学長）の指摘（『読売』5・29朝刊）に、難問解決のカギがあると思う。

「『あの戦争は正しかった』、少なくとも『それほど悪くはなかった』。十五年戦争の正当化または美化――これは世界の大部分の国で今や常識とされている歴史観の裏返しである。この『歴史意識』は中国のみならず日本自身を含めてのアジアの未来を脅かすだろう。……靖国神社は戦争で死んだ軍人・軍属を祀るばかりでなく、戦争を解釈するから、首相の参拝が国際的意味をもつのである」（加藤周一＝『朝日』5・23夕刊）……。小泉首相に届けたい「憂国の具申」である。

10　「9・11総選挙」――「二〇〇五年体制」の始動　2005・9

参院での「郵政民営化法案否決」を受け、小泉純一郎首相の電撃的衆院解散→総選挙。虚を衝かれたのは国会議員だけでなく、メディア界もテンヤワンヤ。国民を巻き込んでの〝狂騒〟が、残暑の日本列島を一カ月駆けめぐった。この間、新聞も「小泉ミュージカル」に踊らされていなかったか。いくつかの問題点を取り上げて、報道ぶりを検証してみたい。

■議会制民主主義に反する衆院解散

衆院で可決された「郵政民営化法案」が、参院自民党一部議員の反対で否決されたのが事の発端。小泉首相は「（参院否決は）内閣に対する不信任だから、衆院を解散して民意を問う」と強弁して解散を断行した。日本の政治形態は議会制民主主義、しかも二院制で運営されている。重要法案の場合、衆参で意見が別れることはあり得ることで、両院で議決が異なった場合には「両院協議会で調整を図るか、衆院に差し戻して三分の二以上の賛成があれば可決、成立させることが可能」との明文規定があった。しかし、その時点での衆院自民・公明の議員数が足りず、廃案は避けられなかった。このため、小泉首相は「憲法七条（解散条項）」を適用して〝破れかぶれ解散〟の賭けに出たのだ。これは議会制民主主義を踏みにじる暴挙である。「解散権は総理にある」との権限を拡大解釈し、〝独裁政治〟へ繋がる危険性をはらむものであるからだ。この暴挙をもっと糾弾すべきだったのに、各紙の筆鋒に鋭さが欠けていたのは遺憾である。

■「国民投票」との詭弁

小泉首相は「郵政民営化是か否かを問うための解散。事実上の国民投票だ」と訴えた。「民意を問う」とは、選挙民への響きがよく、俗耳に入りやすい。しかし、「国民投票法」が未整備なのに、勝手気ままな〝国民投票的解散〟の詭弁は困る。今回の成功に味を占め、改憲・消費税アップ・自衛隊の海外派遣……等々、重要案件が国会審議で暗礁に乗り上げる度に、解散・総選挙では、議会制民主主義の否定になりかねない。選挙は一種の〝お祭り〟だ。選挙民が「ええじゃないか、ええじゃないか」と、安易に神輿に乗ったら大変な事態になる恐れがある。議会抜きで、民衆に直接アピールして政治の表舞台に登場した独裁者がいた歴史を忘れてはならない。国会軽視の風潮は厳に戒めなければならず、新聞はもっと警鐘を乱打すべきだったと思う。

■「刺客」「くノ一忍法」の怪

郵政民営化法案に反対した自民党議員への非情な仕打ちは目に余った。党公認を剥奪して無所属に追い払っただけでなく、問題選挙区に「謀反ものは殺せ！」とばかり、「刺客」を放ったのだ。「刺客」とは、「暗殺を行う人」(『広辞苑』)のこと。しかも急きょ「オンナ刺客」をかき集めた発想には驚いた。「刺客」という物騒な策略が、政府与党内で密かに準備されていたことは間違いないようで、人情も品格もないヤクザまがいの選挙戦術に慄然とさせられた。しかし「小泉・時代劇」を見る〝観客〟には、オモシロイ演し物だったのである。

スポーツ芸能紙や週刊誌が飛びついたのは言うまでもないが、一般紙の扱いも「話題選挙区」へ傾斜していった。特異な現象を追うのは当然だが、選挙の争点論議よりも、「オンナの戦い」や「ホリエモン旋風」など、〝オモシロ選挙〟へ報道が傾いていったように思える。全体の紙面バランスをどうするかは、非常に難しい課題だが、「くノ一忍法」の取り上げ方にしても、「本質論」に迫る論議が足りなかったのではないか。郵政以外の論議を避けたかった政府与党の「刺客劇」に、メディア全体が巻き込まれてしまった感が深い。

■「世論調査」花盛りだが

選挙報道では「世論調査」が重要な判断材料となる。今回も、序盤・中盤・終盤と詳細な調査結果が報道された。おおむね、世論調査と選挙結果の数字が近似しており、調査精度が上がっていると言えるだろう。各紙とも多額の調査費とマンパワーを投入しての世論調査は、選挙時の重大な作業だ。それだけに各社間の競争となり、扱い方も一面大トップに定着してきている。ここで指摘したいのは、自社の調査精度に自信があったとしても、選挙の大勢を見通すような具体的見出しの行き過ぎが気になる。いかにも客観的に映る数字の〝魔力〟が怖い。さらに、電話調査が主流となった調査に、客観性を疑問視する声が出ていることも見過ごしてはならない。現在、RDD法（ランダム・デジット・ダイヤリング）と呼ばれる電話サンプリングの科学的調査精度が高いと言われるが、一〇桁番号の固定電話が対象のため難点が指摘されてきた。最近の若者の多くが携帯電話しか持たないため、若年層の調査が難しくなってきたからという。

いずれにせよ、世論調査万能の認識は危険で、紙面扱いも派手さを競うのではなく、「△日から×日まで調査した結果の報告」という形でデータ提供に徹すべきではないか。読者に予断を与え、世論操作と疑われるような過大な扱いを避けて欲しいと思うが、危惧しすぎだろうか。

■険しい「日本再生」の道のり

自民二九六・公明三一——政権与党の衆院勢力は三二七議席（解散時は二四六）に膨れ上がっ

た。一一三議席に後退した民主党に対し、政治姿勢の曖昧さ、選挙戦術の拙さを指摘する声が強い。しかし、大勝した自民党も「政策の勝利」と胸を張ることはできまい。「郵政民営化こそ改革の原点」とだけ主張し、小泉首相個人のオーラで勝ち取ったものと言えるからだ。ただ衆院議席の三分の二以上を与党勢力が占めてしまった影響は、絶大だ。参院自民党の造反議員の大多数は既に〝郵政法案賛成〟に寝返り、一〇月には波乱なく可決成立するに違いない。

『読売』九月一四日朝刊が伝えた世論調査によると、小泉内閣支持率は六一％の高率だが、「首相の強引な手法に『不安を感じる』と答えた人が六三％もいた」という。「三分の二を超すパワー」を背景にして〝独断政治〟に走ったら大変だ。「郵政」の後は難問が目白押し。所得税・住民税の定率減税につき「〇七年度全廃」を、谷垣財政相が九月一三日の記者会見で示唆している。選挙中まったく口を閉ざしていたのに、早くも増税への動きを示すものだ。野党の追及にまともに答えなかったのは、選挙民をあざむく〝ズル賢い戦術〟だったのである。「郵政民営化が財政再建の突破口」との大見得を切ったところで、七七四兆円にも及ぶ膨大な財政赤字解消の方策は全く見えてこない。

一一月の自民党結党五〇年に「憲法改正試案」を示すというが、改憲の加速が気がかりだ。改憲推進派の『産経』が九月一四日朝刊一面に「巨大与党　憲法改正に弾み」のトップ記事を仕立てていた。「新議員七割超が九条改正容認」の大見出しを掲げ、自民党にハッパをかけている。また、一二月に迫った「テロ対策特措法」再延長問題とサマワ派遣自衛隊の撤収をどうするのか、選挙戦で論議されなかったのも、憤慨に堪えない。小泉首相の靖国参拝問題、手詰まりの対中・対韓外交修復の行方……等々、難題は山積み。「二〇〇五年体制」は滑り出しから前途多難である。

「強い指導者への渇望が、自民党の地滑り的勝利をもたらした」というのが、大方の見方だが、小泉首相は「あと一年で退陣する」と言い張っている。突然の国会解散で八〇〇億円もの国家予算を〝ムダ遣い〟した総選挙だっただけに、小泉首相の〝食い逃げ〟に終わらせるわけにはいかない。

一方、惨敗した民主党の岡田克也代表が辞任、投票日から六日後の九月一七日、新代表に若手のホープ・前原誠司氏が新代表に選ばれた。急きょ開催された同党両院議員総会で、対立候補の菅直人氏をわずか二票差で破って踊り出たが、民主党の前途もきわめて険しい。

「四年間の小泉政治の中で、経済的動機による自殺者の増加、安定的雇用の崩壊、サラリーマンの所得減少、税・社会保険料負担の増加など失政を示す多種多様な指標が存在するにもかかわらず、小さな政府というスローガンが国民を熱狂させた。小泉・竹中ラインの政策で日本社会のアメリカ化がいっそう進んだ時、小さな政府と官僚攻撃だけで国民を統合できるのだろうか。……新自由主義対社会民主主義（アメリカではリベラル派）という当たり前の二極的政党システムを日本でも立ち上げることが急務である。民主党が敗北をきちんと総括し、一極を担うための理念と戦略を持つことが不可欠である。小泉が打倒したのは、族議員と官僚による疑似社会民主主義である。小泉流構造改革によって生活を奪われる人々を代表する社会民主主義政党を立ち上げることができなければ、国民は選択肢を持てないままである。その先に待っているのはファシズムである。」

山口二郎・北海道大学教授が『週刊金曜日』(〇五年九月一六日号)に寄せた、明晰な論文の一部を引用させてもらったが、今後の日本政治を考えるうえで示唆に富む指摘である。折から、ニューオーリンズのハリケーン大災害でアメリカはパニック状態。イラク戦争に州兵を派遣し、金持ちのための大減税を行なって堤防の予算が大幅カットされたのが、大洪水の引き金になったと批判されている。「小さな政府が弱者を見殺しにした」との被災米国民の怒りは、「小さな政府は善、大きな政府は悪」の単純な善悪二元論の破綻を物語っているようだ。

第2章　独善主義の米国に追随する日本

1　海外派遣の道開く「テロ対策特措法」　2002・1

「ショー・ザ・フラッグ」の〝魔力〟が、テロ対策特別措置法の電撃的成立と自衛隊海外派遣への道を開いたと考えられる。小泉首相が、米軍などの軍事行動を支援するとの名目でテロ対策特別措置法など関連三法案を策定、成立させたのは二〇〇一年一〇月二九日。周辺事態法（一九九九年成立）で日本周辺の公海やその上空に限定されていた自衛隊の活動範囲を、新法によって外国の領域にまで拡大してしまった。「戦闘行為が行われていない地域」と限定しているものの、現に海上自衛隊の艦隊がインド洋で海上給油に当たっている。閣議決定・国会提出から二五日目、異例のスピード成立が残した影響は甚大だ。〝戦時〟に自衛隊派遣を可能にする法律であり、戦後日本の安全保障政策の大転換と認識すべきである。

テロ対策特措法の可否に議論は分かれているが、「この際、日の丸を……」の焦りが、緊急立法につながったと推察できる。ところが、『読売』『産経』の一一月八日朝刊の柳井俊二・前駐米大使インタビューで、アーミテージ米国務副長官は「ショー・ザ・フラッグ」という言葉を使っていないことが明らかになった。「目に見える日本のプレゼンスを」との発言を意訳して首相・外相らに伝えたに違いない。両紙のインタビューではそれ以上の背景は不明確だったが、『毎日』の検証紙面（01・12・27朝刊）によって、〝わい曲〟されたナゾが明らかになり、独り歩きした経緯を知って愕然とさせられた。同紙によると、アーミテージ氏は'Japanese national flag and face visible'と述べたが、柳井氏から外務省に入った公電には「つまりshow the flagということ」と記されていた。外務省幹部から公電を聞いた安倍晋三官房副長官が、アーミテージ氏の言葉と思い込み、記者団に紹介したのが真相のようだ。自衛隊の海外派遣へ道を開く格好のキャッチフレーズであり、新法成立に拍車をかけたことは否定できまい。政府側は国会論議でも事の顛末を明らかにせず、「行け行けドンドン」の政治姿勢が垣間見えた。しかし、野党や新聞の追及は物足りず、重要法案の審議がアッという間に終わり、施行されてしまった「主体性なき日本政治」の実態は嘆かわしい限りである。

柳井氏には、駐米大使として平和憲法に基づく日本の立場を主張する気概が見られず、米外交政策を〝意訳〟して伝えることに忠勤を励んだ外交官僚と見るのは、うがちすぎだろうか。ともかくテロ対策特措法は施行されてしまったが、「原則的に二年間有効」の時限立法である。「もう済んだこと」とあきらめず、新法成立過程を再検証して疑問点を指摘し、日本の進むべき道を独自に選択する努力が、政治家にも新聞界にも求められる。

2　イージス艦、インド洋へ　2002・12

「9・11テロ」で屈辱的被害を被った米国は、圧倒的な軍事力でアフガニスタンのタリバン勢力を駆逐した（完全勝利とは言いがたいが）あと、次の標的をイラク・フセイン政権に向けた。イラクの大量破壊兵器疑惑につき二〇〇二年一二月初めに国連の査察が終了、イラク政府の「破壊兵器不所持の上申書」も提出された。緊迫の度を一段と加えているものの、その是非についての結論は出ていないが、国連などの和平努力を尻目に、米国は公然と戦闘態勢強化に狂奔している。何が何でも「〝悪の枢軸〟フセイン政権を打倒する」との大国主義をムキ出しにしてきた。そして、「米国の正義に協力するのは同盟国の義務」との論法で日本政府に迫っているのは、隠しようのない強圧外交の現実だ。

「9・11テロ」直後に「テロ対策特別措置法」をスピード成立させてインド洋に自衛艦を派遣し洋上給油に踏み切った小泉政権は、今度は高性能のイージス艦派遣を決定（〇二年一二月四日）、イラク攻撃をにらんだ米軍支援をより鮮明に打ち出した。テロ対策特措法自体違憲の疑いが濃厚なのに、イージス艦派遣は日本固有の国家意思（「海外派兵せず」）を踏みにじった暴挙である。日本国憲法だけでなく、日米安保条約からも逸脱した決定と考える。同条約第五条は「各締約国は、日本国の施政の下にある領域におけるいずれか一方に対する武力攻撃が、自国の平和及び安全を危うくするものであることを認め、自国の憲法上の規定及び手続に従って共通の危険に対処するように行動することを宣言する」と明記し、続く第六条には「日本国の安全に寄与し、並びに極東における国際の平和及び安全の維持に寄与するため、アメリカ合衆国は、その陸軍、空軍及び海軍が日本国において施設及び区域を使用することを許される」と規定している。いわゆる「極東条項」であり、インド洋が極東でないことは中学生も周知のことではないか。さらに、歴代政府が認めてこなかった「集団的自衛権」行使にかかわる、憲法上の大問題をはらむことは明白だ。

イージス艦は、敵国情報の探知のほかミサイル攻撃にも即応できる超高性能機器を搭載した艦艇で、米国（六〇隻）以外で所有する国は日本（四隻）とスペイン（一隻）二国だけというから、ここでも米国の要請に応じて莫大な国費を投じていたことが分かる。「米国の顔を立て、宝の持ち腐れにならぬよう活用します」との魂胆が見え見えなのに、現在活動中の護衛艦との通常の交代にすぎないとヌケヌケと政府は言い逃れる。福田康夫官房長官は「世論の理解を得ている」と言うが、何を根拠にしているのか。野党各党と自民党の一部議員が反対を唱え、公明党が党として反対を表明したにもかかわらず、「集団的自衛権に抵触しない範囲内で」との条件付きで押し切ってしまった。世論調査でも国民の反対意見が多いのに、「世論の理解」とは、国民を欺く発言だ。集団的自衛権や米軍への情報提供についてはあいまいな弁解に終始し、「自衛官の安全確保が主眼。イージス艦は居住性もいい」との苦しまぎれの説明は全くの詭弁である。国家の命運に関わる重大案件なのに真剣な国会論議を行なわないばかりか、国民への説明責任も果たしていない。

■もっと背景にメスを入れよ

この重大決定を新聞はどう受け止め、報じただろうか。まず自衛艦派遣に関するデータを防衛庁などの取材に基づいて簡単に整理しておこう。二〇〇一年一一月から始まったインド洋への自衛艦派遣計画は、半年毎に見直されることになっており、去る一一月一九日、二〇〇三年五月までの再延長が承認された。その時点では、給油艦三隻と護衛艦二隻が米英軍艦船への給油を行なっていた。今回派遣のイージス艦「きりしま」は、護衛艦「ひえい」との交代にすぎないと防衛庁は説明している。そのイージス艦は護衛艦の四〜五隻分の高性能を持つといわれ、一隻一二〇〇億円もする。一方、〇一年一一月から一年間の洋上給油は一四〇回二三万四〇〇〇キロリットル。防衛庁が予備費から八五億円を支出するという。（注——〇五年九月現在で合計二四〇億円を支出）

イージス艦派遣の決定を急いだ背景に、アーミテージ米国務副長官の来日（〇二年一二月八日）前に対米協力を鮮明にする狙いがあったことは明らかだろう。アフガニスタン情勢が終息した今、「標的はイラク」との共通認識で、日本政府が踏み込んだにちがいない。

一二月五日朝刊、『朝日』『読売』『毎日』『産経』は一面トップで「イージス艦派遣」を報じたものの、背景分析とイラク危機への視点に物足りなさを感じた。また、当日社説で論じたのが『朝日』『読売』の二紙だけだったのにも不満が残った。翌日の他紙を含めて在京六紙の論調は、「当たり前のことを決めたにすぎない。むしろ遅すぎたくらいだ」という『読売』『産経』『日経』三紙と、「納得できない」「なし崩し的なイラク攻撃支援は許されない」と主張する『朝日』『毎日』『東京』三紙に大別できるが、紙面展開全体からは「目前に迫ったイラク攻撃」への危機感を訴える熱っぽさが感じられなかった。「危機感をあおれ」と言うのではなく、「初めにイラク叩きありき」の米一国主義の危機的状況に警鐘を乱打する紙面づくりが必要だったと考えるからだ。

アフガニスタンの惨状を見るにつけ、「戦火を交えないよう国際的努力をすることが至上命題」との認識は多数の国民感情だ。ところが、アーミテージ米副長官との会談で早くも「フセイン政権打倒後のイラク復興支援」を話し合った日本政府の姿勢に怒りを感じた。ギリギリまで和平努力すべき時期に戦争を前提の日米協議とは……。「米国が破壊したあとの復興は、日本の手で」と言うのだろうか。「対イラク戦の戦費は約四二〇億ドル。その八割以上は同盟国負担で、うち二割の一兆八〇〇〇億円を日本が負担」と米議会予算局の試算が出ているというから、「湾岸戦争やアフガニスタン介入と同じ米国の謀略」を痛切に感じるのである。

3　〝力の外交〟一点張りの米国　2003・2

「ブッシュ政権はあらゆる外交カードを駆使して、イラクへの武力行使を認める新たな決議を国連安全保障理事会にせまるはずだ。しかし、イラクの大量破壊兵器の脅威に関するアメリカの主張を裏づける確かな事実がない限り、国際社会は法の支配を守るために、一歩たりとも引き下がるべきではない。ブッシュ政権は、イラクとの戦争に反対する国々に対し、いざ戦争が始まれば置いてきぼりにするぞと脅しをかけるだろう。けれども、いま一線を画してアメリカの対イラク戦争に強く異議を唱えなければ、アメリカの帝国支配という新しい時代潮流の中で、思うまま翻弄される運命が待ち受けることを、すべての国は心すべきである。」

元国連大量破壊兵器査察官、スコット・リッター氏（米国人）は二〇〇三年二月六日夜、来日講演でこう訴えた。東大駒場キャンパス九〇〇番教室は一〇〇〇人を超す聴衆であふれ、筆者もその熱気を肌で感じた。講演のあとのシンポジウムでも中味の濃い問題提起があったが、新聞各紙は取り上げていなかった。六日未明（日本時間）パウエル米国務長官の安保理報告があった直後であり、パネリストは「米単独行動主義の危険な賭け」に警鐘を鳴らす一方、〝真実を伝えていないマスコミ〟に厳しい批判が寄せられた。情報量が格段に増え、権力側の情報操作がますます巧みになってきた今、新聞報道の質的役割はきわめて重い。最近の紙面で注目した具体例を示して考えてみたい。

■「戦争への道急ぐな」

イラク危機について新聞社の姿勢を鮮明にした署名記事が、『毎日』二月七日朝刊一面に掲載された（中井良則・外信部長）。米一国主義の危険性を論理的に整理し、読者に分かりやすく示した筆法はさすがだ。国家主権と無謀な〝先制攻撃〟につき、次の指摘は光る。

「（米国は）世界に例がない軍事力、経済力と情報力を備え、対抗する国はない。危機感と自信が相まって、イラクのような『怪しい国の危ない政権』を独自に排除すべし、という論法になる。国連は国家主権を尊重し、国家の大小や強弱を問わず平等であるとの原則に立つ。戦争については、攻撃された場合の自衛権行使を『安保理が必要な措置をとるまでの間』（国連憲章五一条）に限り認めるだけだ。国家の戦争権は限定されている。いまの米国は、戦争は国家の主権行使であり制限は受けない、という立場だ。米国が『ならず者』と認定し、いうことを聞かないとみなす国に対しては、主権尊重の原則を適用しない。ブッシュ政権の隠された真の目的が、大量破壊兵器ではなく、石油利権の確保や中東への影響力拡大、さらには自らの再選戦略の一環だとすれば、道義性に疑問符がつく。」

短い文章の中に、米独善主義の姿が凝縮されている。「各国の圧力で査察を強化し、大量破壊兵器を作らせず使わせない封じ込め戦略で、戦争に訴えずに脅威を減らす可能性に賭ける時だ」

との提言は、世界大多数の市民の願いを代弁している。

『朝日』国際面掲載の【風　ワシントンから＝西村陽一・米総局長】は、ブッシュ政権の裏にひそむ問題点を知るうえで貴重な企画記事だ。二〇〇二年一一月一七日の「戦場知らぬタカ派たち」で、「この夏以来、国防総省の文民高官やホワイトハウスの一部の性急なかけ声を戒めてきたのは、野党の政治家やリベラル派の論客よりも、むしろ、元軍人だった。……『戦争という最後の手段に訴えるのは、慎重の上にも慎重を重ねなければならない』とくり返してきたのは、イラクを知りつくした男、ジニ元中央軍司令官。政権で戦争に最も慎重なパウエル国務長官は、湾岸戦争時の統合参謀本部議長だった。こんな風景に、『ニューヨーク・タイムズ』紙は『かつては文民政権に対する軍人のクーデターを恐れたものだ。いまは軍人に対する文民クーデターの方が心配だ』と書いた」とリポートしている。〇三年二月二日の「一般教書演説とアラブの溝」では、「ブッシュ政権に隠然たる影響力を持つタカ派の実力者、リチャード・パール国防政策諮問委員長は『プリンス・オブ・ダークネス（暗黒の王子）』と呼ばれている。相手をやり込める時はばっさり切り落とす。最近の話題作は『悪の枢軸』ならぬ『ずるいイタチの枢軸』。イラク攻撃に慎重な仏独両国を指しての発言だ」と記し、親イスラエルに急傾斜したブッシュ政権がアラブとの溝を深めた状況を憂慮している。米紙『ウォールストリート・ジャーナル』の提案で仏独を除く欧州八カ国の〝親米声明〟（一月三〇日）の奇妙な動きなどを重ね合わせると、激情的に突っ走るブッシュ政権と一部米国メディアに、恐るべき危険因子を感じる。

4　エンベッド従軍——歪むイラク報道　2003・4

ブッシュ大統領は二〇〇三年三月一九日夜（日本時間二〇日未明）、ホワイトハウスからテレビ演説し、米英軍主導でイラク攻撃を開始したと宣言。仏・独・露・中国などの査察継続要請を無視し、「有志連合」によるフセイン政権壊滅作戦に踏み切った。ハイテク兵器を駆使して空陸からイラクを攻撃し、地上軍が北上を続けた。

米軍の隊列に守られてのイラク従軍報道。戦闘現場をリアルタイムで伝えたとしても、それを公正な報道と主張できるだろうか。同年四月、イラク南部戦線の米軍にエンベッド従軍している姜仁仙『朝鮮日報』記者は次のように打電してきた。

「ふと、自分がイラク軍の従軍記者だったらどんな記事を書くかという疑問が浮かんだ。よその国の政権を転覆しようと攻め込む超強大国・米国を非難する記事を書くかもしれない。四月三日午前、生物・化学兵器警報が鳴り、大騒ぎを繰り広げた。戦場で生き残りをかけジタバタするのがこんなに大変なのに、死ぬことは、どうしてそんなに簡単なのか。」（『毎日』4・4朝刊）

すでに凄惨な死体をいくつも目撃したであろう姜記者は、さりげない筆致ながら、「戦場での死」のはかなさを端的に訴えている。

米軍は「エンベッド（embed）」なる米軍従軍記者の新方式を打ち出し、内外約六〇〇人の記者がイラクと周辺で取材に従事している。embed――辞書によると「〈通例受身〉物を埋め込む」の意で、前線米軍部隊の管理下で行動を共にする従軍記者だ。米国防総省の基本ルール前文は「メディアは基本ルールを守り、従軍前に（同意の）署名をする。違反した場合、従軍の停止や米中央軍の管轄地域からの退去に直ちにつながることがある」と明記し、武器不所持のほか、報道してよい情報の細目を規定している。

ベトナム戦争・湾岸戦争報道の混乱と教訓に基づいて、「情報戦争」を重視した米政権が編み出した巧妙なメディア戦略。一般論で言えば、ジャーナリズムの基本原則は「現場に踏み込み、事実報道に徹する」ことで、危険な現場で取材することは、戦争取材でも同じであろう。ところが今回のエンベッド記者には制約が多すぎて、「米軍庇護下におかれた情報提供者」の色合いが濃い。戦闘現場には違いないが、イラク軍を殲滅する米軍部隊の一員に〝埋め込まれた〟記者に公正な事実報道、客観報道を期待することは所詮ムリな話だろう。冒頭の姜記者の感慨は、その偽りのない〝告発〟の重みを持つ。米兵と寝食を共にし、死を賭した現場では「我が身と我が軍を守る」ことが精一杯で、米軍側から見た戦場報告に傾斜することは当たり前だ。しかも、最前線の記者は戦闘全体の〝点〟しか把握できない。それが「戦場ルポ」として報じられているが、それは「一部を映し出したにすぎない」との認識が必要である。総合的な戦況は後方の米軍司令部の発表に主力を委ねなければならず、それを具体的に補完する「米軍広報」的役割を演じているとも勘ぐれるのである。

エンベッド記者の大部分はイラク周辺の空母や米軍司令部にいるようだが、最前線従軍記者の配置は米軍側の判断に基づくという。三月三一日ワシントンで開かれた米国防総省と米記者による公開討論は、注目すべき問題点を指摘していた。『ニューヨーク・タイムズ』紙デビッド・サンガー記者らが「今回の従軍記者の最大の落とし穴は〝ストックホルム症候群〟に陥ることだ」と指摘、記者の共感を呼んだという。これは長期間監禁された人質が次第に犯人に親近感を覚えるようになる心的障害を指す言葉だが、「極限状況の中で米軍と行動を共にする記者が米軍に知らずしらず感情移入してしまう」危険性に一石を投じた発言である。

現場取材は、報道の鉄則であるに違いないが、「権力による情報操作」の恐ろしさを警戒し、情報の総合判断の重要性を教訓として残した気がする。一部メディアは、「米国の聖戦」を賛美し、扇情的にプレイアップし、終日リアルタイムで一方的戦況報道を流し続けた。全米視聴率トップに踊り出たというＦＯＸテレビは特にすさまじく、星条旗とコンピュータ・グラフィックスを駆使した戦闘場面の映像は、「情報戦争にも勝利した米国」を実感させる狂気すら感じさせる。

内外を問わず、メディアの報道姿勢に濃淡があったことは改めて指摘するまでもないが、今回の戦争報道をつぶさに反芻して、「〝事実報道〟だけでは、〝戦争の本質〟は見えてこない」との結論に導かれた。今こそ開戦に至るイラク戦争の意味を問い直さなければならない。戦争と平和の意味をつき詰め、思索を通じて、トータルの「戦争報道」に結実させなければならないと考える。その点で、冷厳な事実を分析し、論説・主張・解説を総動員して、「戦争の意味」を思索する努力が言論機関に求められているのである。

■独断的報道の危険

ひるがえって、ここ数カ月の新聞各紙の報道姿勢を分析してみてみると、在京六紙を大別して「朝日・毎日・東京」vs「読売・産経・日経」に色分けすることができる。米国の対イラク戦略、国連安保理決議をめぐる紛糾、日本の日米同盟偏重への急傾斜など、各紙一連の報道姿勢に差異が認められ、戦局報道や戦争反対運動の扱い方にもニュアンスの差は顕著である。自由社会での独自の新聞づくりは当然な現象で、このこと自体には異論はない。問題は、自社の主張の正当性を喧伝するため、他社を中傷誹謗する論調や、平和運動を揶揄するような記事が一部に散見されるのは許しがたい。自社の主張を展開することは結構だが、やや常軌を逸した記事が気になったので、敢えて取り上げてみたい。筆者は新聞社間の相互批判を歓迎する立場だが、〝切捨てご免〟的な記述には、言論封殺の危険すら感じるからである。

「産経抄」（4・8）は、「仏独の米英支持には驚いてしまう」と前置きして、「変わり身の速さとしたたかさについては改めて書くこととして、ここでは日本国内の問題としてただしたいことがある。これまで日本のほとんどの新聞やテレビは、イラク戦争に反対するフランスやドイツの主張を全面的に支持し、反戦・反米の論理をはなばなしく展開してきた。たとえば朝日新聞二月一二日の社説は『理は仏独にある』と。そして両国の主張を論拠にし、〝反戦〟の方向へ世論をリードしてきた。しかしいまは仏独は明らかな軌道修正を、というより一八〇度の方向転換をはかっている。仏独の理は一体どこへ行ったのか。前記の新聞は読者に対する説明責任があるだろう。それにしても仏独ではなおイラク戦争反対の世論が八〇％を超えているといい、両国の政治指導者は世論に逆らうことになる。〝世論と政治家〟についても言及してもらいたい」と、『朝日』を一方的に論難した。高名な産経抄子の筆にしては、あまりにも荒っぽい。仏独の一八〇度方針転換の認識はまちがいだし、「反戦の方向へ朝日が世論をリードした」とする記述は言語道断である。

また『産経』「古森義久の眼」（４・６）の記述も見逃すわけにはいかない。「ここ一、二年、米軍に応募してくる外国籍の人たちは戦争に送られる可能性が高い。戦場での死を覚悟で応募するのだから、よほど意欲が強いのだろう。米国民になりたい。こんな思いは、米国に引かれ、魅了される外国人青年たちに共通するのだろう。命を失う危険を冒してまで米国軍人になる青年たちの思いを、米国に住みながら日本に向けて反米メッセージを送り続ける音楽家の坂本龍一氏や米国政府や社会、考え方まで非難し続ける日本総研の寺島実郎氏はどう受け止めるのだろうか。」

国際記者・古森氏の暴論に目を疑う驚きだ。職を求めて中南米から流入した外国籍青年が多数戦場に送られている現状は、こんなキレイごとではない。米国を守るための〝使い捨て〟の盾にすぎず、人種差別の暴挙ではないのか。こんな一方的論理で、坂本龍一氏らを断罪する記者の思い上がりと想像力の貧困にあきれるばかりだ。

「戦争」は、国家や民族、人間を狂気に追い込むが、冷静であるべき言論機関の暴力的言動を許すことはできない。超大国の独善主義に、異を唱える自由が封殺される時代の到来が恐ろしい。

5 クラスター爆弾など野放し

2003・5

対人地雷禁止条約に基づいて日本が一九九九年から進めてきた地雷約一〇〇万個の廃棄処理が二〇〇三年二月終了した。イラク攻撃をめぐり国連安保理で激論が展開されていた二月八日、小泉首相出席のもと滋賀県新旭町で行われた最終処理式で世界に先駆けて日本の良心を鮮明にしたことを評価したい。

一九九九年三月発効した対人地雷禁止条約は「日本の軍縮外交の柱」となるもので、現在一三一カ国が締約しているものの、米国・ロシア・中国などの大量保有国が加盟していないため「地雷廃絶の道」はなお険しい。世界の核軍縮・核不拡散の悲願達成はさらに厳しい国際情勢だが、せめて通常兵器削減・規制への努力は続けなければならない。

■防衛庁、密かに「第二の地雷」を購入

国連安保理でのフランス・ドイツ・ロシアなどのイラク大量破壊兵器査察継続の主張を拒否して米国が戦争に踏み切った結果は、米国勝利の陰に深刻な国際的不安要因を残した。当初の戦争目的だったイラクの大量破壊兵器は未だに発見されないばかりか、非人道兵器使用によって多数のイラク民衆が犠牲になったことは、「無謀な戦争」の実態をさらけ出した。大量破壊兵器は「核兵器・化学兵器・生物兵器」と一般に定義されているが、クラスター（収束）爆弾など大量殺戮兵器が野放しされている現状は憂慮に堪えない。クラスター爆弾は、親爆弾から二〇〇個以上の子爆弾をばら撒く兵器で、広範囲、無差別の殺傷力を持つ。しかも、子爆弾の二割から三割が不発弾となるため、「第二の地雷」と恐れられている。直接の被弾でなく、不発弾による民衆の犠牲は跡を断たず、戦争が終わった後でも手足を失った子供たちの惨状がひんぱんに報道されている。

まさに「第二の地雷」である。そのクラスター爆弾を、航空自衛隊が一九八七〜二〇〇二年度の一六年間で一四八億円分も購入し、保有しているとの報道に愕然とさせられた。「対人地雷廃絶」の先頭を切った日本政府の姿勢は何だったのか――『毎日』四月一七日朝刊のスクープに、衝撃を受けた人は多いだろう。同紙の報道によると、一九九〇年当時の単価は約一万四〇〇〇ドル（約一七〇万円）で空自の保有数は数千個と推計されるが、予算書に「弾薬」と一括計上されていたため、一部の防衛関係者以外は知る由もなかった。驚くべきことだが、『朝日』一七日夕

刊以外の他紙が後追い報道しない姿勢も不可解だ。

「クラスター爆弾の非人道性を防衛庁が認識していないはずがなく、指摘されるまで黙っているのはおかしい。不発弾は最大三割あり、戦場に残って多くの非戦闘員に被害を与えている。日本は対人地雷の処理を率先して行ったのに、首尾一貫しない。国会には予算委のほか決算委もあるのに全く機能していないことも今回のことで明らかになった」と、前田哲男・東京国際大教授が指摘（『毎日』4・18朝刊）する通りだ。四月一八日の「衆院武力攻撃事態への対処に関する特別委員会」で石破茂・防衛庁長官は、「敵が侵攻した場合に使うもので、他国住民を非人道的に殺傷する目的での使用は想定していない」と苦しい答弁。対人地雷を廃絶した日本が「第二の地雷」を保有する矛盾は明らかで、「クラスター爆弾購入の経緯を精査して、今後の対応（廃棄を含め）を考えたい」とでも答弁すべきではなかったか。

米国も加盟する特定通常兵器条約で、クラスター爆弾を「非人道兵器」として規制しようとする交渉が三月から始まっていたのに、イラク戦争での大量使用は許せない。報道機関は「この無法」を徹底的に糾弾しなければならない。

■『毎日』従軍カメラマンの奇怪な爆発事件

「戦争報道」は、戦場の危険ばかりでなく、記者個人の資質と各報道機関総体の姿勢が問われる。この点で、毎日新聞カメラマンが所持していた手荷物から爆破物が発見され、点検中に死傷事件を引き起こしたことに衝撃が走った。五月一日夕（現地時間）のヨルダン・アンマンのクイーンアリア国際空港。帰国途中のカメラマンの軽率な行為が、惨事を招いてしまった。戦争取材の緊張から解放された気の緩みとはいえ、常軌を逸した不法行為の罪は重大である。イラク国内の道端に散乱していた釣鐘型の物体を拾い、「使用済みで、爆発はしない」と思い込んで記念に持ち帰ろうとしたという。石ころを拾うような気分だったのだろうか。従軍カメラマンとして道路脇に放置された〝危険物？〟との認識がなかったことは、あまりにも軽率だった。

ヨルダン当局のその後の分析によると、釣鐘型の爆発物はクラスター・子爆弾の可能性が濃いとのこと。当初、日本の軍事専門家も判断を下しかねていたもので、「第二の地雷」の危険性を持つ子爆弾なら、その爆破物自体のニュース性は高かったはず。それだけに、カメラマンの着眼点がよければ、クラスター爆弾の危険な正体を告発する取材につながったと推察でき、爆発事件とは全く逆の〝特ダネ〟を生んだとも考えられるのである。

毎日新聞社は、社長ら幹部がヨルダンに急行して謝罪と原因究明に当たり、五月一〇日朝刊で二ページ全面をさいて「検証・アンマン空港爆発事件」と題する詳細な報告を行なった。この中で、柳田邦男氏（毎日新聞社「開かれた新聞委員会」委員）が提起した一文は特に説得力に富み、参考にすべき問題点が多いので、一部を引用させていただく。

「平穏な日常では想像の困難な戦場という『異次元空間』では、人間の感覚や判断力が異常になってしまうものだ。爆発物の残がいを拾う心理、それを持ち歩き仲間に見せる心理、『記念品』にしたくなる心理、セキュリティーを通れると思ってしまう心理――数々の『落とし穴』にはまってしまったのはなぜか。それらの『落とし穴』は、裏返してみれば、事件を防ぎ得たチェック関門だったはずなのに。

……戦争、ゲリラ活動地域、テロなどの現地取材のあり方について、日本のメディアはこれまで外国のジャーナリストたちの経験から学ぼうとする発想が欠けていたと言える。手取り足取りのマニュアルを作れというのではない。取材活動の根本的な心得、何が起こるかわからない『異次元空間』における予想もしない事態に対する基本的なハンドブックが必要ではないかということだ。

……報道人はたとえ他社の失敗であっても、そこから得られる教訓をわが身の問題として内面化すること。当然、失敗の調査・分析結果の公表が前提となる。このような対応が定着したら、日本の政治、行政、企業などの情報公開にかかわる文化的風土を変革する強力な刺激剤になるだろう。」

■日本独自の軍縮政策を貫け

クラスター爆弾に関連する二つの主題を考察したが、劣化ウラン弾、バンカーバスター爆弾など新型兵器の脅威も見逃すわけにはいかない。世界の市民の多くは「大国が率先して軍縮の音頭を取り、戦争を回避すべきだ」と願っている。しかし、二一世紀に入ってからの世界は、新たな「パワーゲーム」突入の様相を深めている。米国は二〇〇二年初め、戦略核兵器削減の方針を打ち出したものの、戦術核兵器については、地中深くにある標的を破壊するための新たな核兵器開発・製造の可能性も示唆されている。ブッシュ政権はCTBT（包括的核実験禁止条約）をいぜん批准せず〝死文化〟を狙っていると勘ぐれる。日本はCTBTをはじめNPT（核不拡散条約）、化学兵器禁止条約、生物兵器禁止条約を批准、対人地雷禁止条約など小型武器規制に外交努力を続けている。非核三原則を国是とし、武器輸出を行なっていない国として、独自の軍縮外交を期待したい。

6　くり返すな「大本営発表」の悪夢

2004・2

米国のイラク戦争終結宣言（〇三年五月一日）後、ゲリラ攻撃はかえって激化し、日本外交官にも犠牲者が出た。フセイン元イラク大統領の拘束（一二月一三日）後も〝戦争状態〟はおさまらず、泥沼の様相を呈してきた。このイラクの地に陸上自衛隊が立った。「ブーツ・オン・ザ・グラウンド」――米国の強い要請を断りきれず、自衛隊の戦後初めての〝戦場〟派遣だ。二〇〇四年一月、同行の日本マスコミ取材陣は、一〇〇人を超す。サマワでの陸自先遣隊取材で早くもトラブルが発生しており、前途は多難だ。先遣隊が行動を開始した一月一九日～二〇日の新聞各紙を見ると――。

■情報規制、過熱報道の混乱

「装甲車の屋根から水平に構えた銃。絶え間なく周囲を警戒する鋭い視線――。陸自先遣隊はクウェートを出発した直後から、テロリストを厳しく警戒しながら疾走した。装甲車の屋根上の台座から迷彩色のヘルメットをつけた隊員が顔をのぞかせ、四方に銃を向け不審車を警戒していた。初めて『戦地』に入る緊張感で無表情だ。上空では米軍の武装ヘリコプターが飛び交った。」(『東京』)

「テレビ取材のスタッフが乗ったジープ型車が、陸自とオランダ軍の車列に割り込もうとした。最後尾のオランダ軍軽装甲車を追い抜いた後、車上のオランダ兵が『離れろ』と叫んだ。追い払うように手を振ったが、接近をやめない。兵士は激怒して機関銃を向け『近寄るな』と叫んだ。車は車列から離れたが、〝一触即発〟の場面だった。」(『読売』)

「先遣隊の訪問先は治安上の理由から、事前には明らかにされていない。このため、オランダ軍の車両三台と日本の軽装甲車など二台の車列が宿営地から出てきたところを、待ち構えたマスコミの車が追尾。約十台の日本マスコミの車が追いかける〝カーチェイス〟がサマワ市内で展開された。」(『毎日』)

「クウェートからサマワへの道のりで〝広報役〟を務めたのは、米軍とオランダ軍。長時間国境付近で先遣隊到着を待っていた日本の報道陣に対し、米兵が『先遣隊は駐車場に必ず立ち寄る。インタビューはできないが、撮影は可能だ』と誘導。駐車場ではオランダ軍少佐が現われ『質問は』と呼びかけた。少佐の説明で、ようやく先遣隊が同国軍の警護のもとサマワに向かうとわかった。」（『朝日』）

〝戦場〟の緊迫感と混乱ぶりが生々しく伝わってくる。自衛隊の〝情報規制〟と〝メディアスクランブル〟が混乱を増幅しているようだ。先遣隊のあいさつ回りだけなのに、この異常さ。日本新聞協会と民放連は直ちに「危険・混乱を避けた取材を」申し合わせるとともに、防衛庁に「適切な情報提供」を要請した。ところが政府は「自粛要請は撤回せず」といぜん強硬姿勢だ。

湾岸戦争時の「プール取材」に続き、今回の「エンベッド従軍」でも、各国メディアは、米国の情報戦略に取り込まれてしまった。「油べっとりの水鳥」の写真、「捕虜になった米軍女性兵士の救出劇」（湾岸戦争）などは、すべて戦争をあおるデッチ上げだった。サマワ派遣の陸上自衛隊宿営地の建設が終わり、本隊が本格活動を開始する三〜四月、取材合戦はエスカレートするに違いないが、情報の選択、記事の書き方・扱い方はきわめて難しい。米軍・自衛隊の発表を鵜呑みにすれば、「虚報・誤報」の落とし穴がひそむ。

一方、「サマワ歓迎ムード／〝自衛隊特需〟沸くホテル」「〝ヒゲの効果〟＝佐藤先遣隊長＝サマワに浸透」（『産経』）といった、情緒過多の報道が気になる。サマワの市民感情は今のところ悪くはないようだが、二、三日間の印象で「安全地域」と断定的に言えるはずがない。一月になってから警官射殺やシーア派の直接選挙要求デモ、失業者の「職よこせ」デモで不穏な空気が高まっている。

■健闘する地方紙も

小泉政権は二〇〇三年七月の「イラク特措法」制定後から日米同盟に基づく〝国益優先〟を声高に叫び続け、外交官二人の犠牲（一一月二九日）に直面するや、冷静に分析するどころか「この死を無にするな」と、派兵の必要性を喧伝した。日本人初の尊い犠牲を悼む気持と冷徹な背景分析は別問題である。この局面で唯一、『毎日』が「『立ちすくむ』勇気を」と題する中井良則外信部長の署名記事を一面に掲載した。「『ひるまず進め』というムード作りだけに二人の死が使われるとすれば、異論がある。……いま私たちが考えるべきなのは、『自衛隊を年内に出す』か『年明けに出すか』という点ではない。『米国の一極支配に世界の平和と日本の安全を委ねる道』を日本が国家路線として選ぶか否かの選択だろう。世界にはその道を選んだ国もある。だが、国連の役割を重視し、有志連合に加わらない国もある。自衛隊派遣決定は有志連合の中核に加わり、大きく一線を踏み出す意味がある。……気がつけば、違う時代にずるずる引きずり込まれていたという事態を避けるために、二人の死に立ちすくみ、考え込む『勇気』を持つ時だ」（12・2朝刊）と警鐘を鳴らしている。

政府は、一二月九日「自衛隊のイラク派遣基本計画」を決定。年末からの空自派遣、陸自・海自派遣へ踏み切ったのだ。戦後史を塗り変える「基本計画」を新聞はどう見たか、一〇日朝刊の論説は対照的だった。「朝日・毎日・東京」の反対・慎重論、「読売・日経・産経」の支持論に大別できる。読売・産経が、小泉流論理を引き写したような論調だったのに愕然とさせられた。「安全を見きわめよ」「重武装すべきだ」と指摘するなら、なぜ「拙速な派遣は慎め」と言わないのか、「初めに派遣ありき」の政府の姿勢と紙一重である。（項末に一二月一〇日付主要四紙論説の骨子）

こうしたなかで地方紙の的確な論調がめだつ。例えば『琉球新報』は「小泉首相は憲法前文の後半部分を読み上げ、『憲法の理念にかなう』と断定したが、憲法前半部分には国民主権、戦争の放棄、恒久平和への念願がうたわれているのに、後半のみ引用した。平和条項はなきに等しい。憲法を『大義』に使うなら、むしろ憲法の原点に返り自衛隊派遣を断念すべきである」と論じた。

また『神戸新聞』は「自衛隊を出すことが、日本の平和と安定につながるというのは、あまりにも平板な説明である。首相に踏みとどまる勇気を求めたい」とせまり、中国新聞は「復興支援といっても、自衛隊に不測の事態が起こり、『正当防衛』がイラク人をあやめるかもしれない。今のところ、自衛隊に対するイラク住民の期待は大きいようだ。ただ、あくまで雇用への期待であり、これにこたえる支援にならない限り、先行き不安である」と、拙速派遣を指摘する。

■憲法解釈と開国発言の欺瞞

小泉首相のねじ曲げた憲法解釈も「開国」発言（『鎖国か開国か』の論法）についても、新聞の追及は甘かった。小泉首相の大衆受けする言葉の乱発に惑わされている現状を見ると、「戦前の悪夢がよみがえる」との危惧は、決して杞憂ではない。

かつて関東軍による満鉄列車爆破の謀略に、時の内閣は不拡大方針を唱えたものの、けっきょくは「満蒙は日本の生命線」との強硬論に屈した。その時、新聞は暴挙に疑いを持たなかったばかりか、軍部追随へと走った。満州事変（一九三一年九月一八日）二日後の『大阪朝日』社説（9・20）は「中国側の計画的破壊行為は断じて許すべきでない。わが守備隊が直ちに排撃手段に出たことは当然の緊急措置といわねばならない」と軍事行動を讃えた。また『東京日日』社説（10・1）は「国民の忍耐は、今回の事件によってその限度を超えたのである。われらは重ねて政府のあくまで強硬ならんことを切望する」と激しい調子で、時の政府を後押しした。このあと日中戦争・日米戦争へと「十五年戦争」の辛酸を舐めたが、新聞はますます〝牙〟を抜かれ、「大本営発表」垂れ流し機関と化してしまった。軍の謀略が生んだ既成事実の〝狂気〟に翻弄されたのが、十五年戦争時の新聞だった。最初の〝危険な芽〟を放置した新聞の戦争責任はきわめて重い。

この忌まわしい新聞報道の歴史に照らして、今回のイラク報道に危険な兆候はないか。新聞はさらに厳しく問題点を究明する気概を持ってほしい。現に、派兵へと動く現実に流され、基本姿勢がぐらつく新聞もあった。政府の基本計画決定の際は「憲法の枠を厳格に守れ」と主張した『毎日』が、二〇〇四年元日社説では対応の難しさをクドクド説明し、「自衛隊派遣には基本的に同意する」との二行を唐突に差し挟んだ。その理由として「対米追従以外に戦略を持たない現状では、行かない選択がもたらすリスクが大きすぎる。しかしそれは主体的な選択ではない」と述べる。「主体的選択でない」と指摘するなら、堂々と主体的選択を政府にせまるべきだ。少なくとも「現段階での派遣は見合わせよ」との文脈ならわかるが、苦しまぎれの〝現状追認〟の辻褄合わせではないか。政治権力の情報操作と既成事実の積み重ねに流されることがあってはならない。「派遣してしまったのだから……」とのあきらめムードがこわい。

「旭川市の自衛官の父親が『今回は先走ってイラク戦争を仕掛けた米国の後始末です』と語った。全くその言葉通りではないか。衆院の派遣案審議でも、サマワの治安状況調査に数々の疑問符が付くことが明らかになった。派遣を命令した政府にしては緊張感が欠けている。」(『北海道新聞』２・２社説)

「政府は必要な情報を公開し、与野党は事態の推移によっては派遣計画全体の見直しもいとわず、監視を続けなければならない」(『朝日』２・３社説)

「大本営発表」への追随が亡国の道につながった。新聞は腰を据えて「正論」を主張し続けなければならない。

■イラク派遣基本計画決定時の主要四紙論説の骨子（二〇〇三年一二月一〇日付）

▼『朝日』――「日本の道を誤らせるな」

この計画は、戦後史に残る重苦しさをたたえている。私たちはこの計画に反対である。少なくともイラクの現状が大きく改善されるまで、実行を見合わせるべきだ。それが私たちの切なる願いである。この派遣は、日本の針路を大きく変えうる危険な道だと考えるからだ。「平和立国」を指針と定めた日本は外国で戦争をしないことを国是とし、外国に武器を売ることも禁じてきた。中東などの国とも争ったことはなく、経済貢献で喜ばれてきた。そんな誇らしい役割を捨てるのは、日本にとっても世界にとってももったいない。

▼『読売』――「国民の精神が試されている」

日本の国際協力に新たな展開をもたらす歴史的決断だ。国際社会の安定が、日本の国益だ。中東の不安定は、原油輸入の九割近くを依存している日本経済にとって、致命傷になりかねない。小泉首相は、記者会見で憲法前文を引用したうえで、「日本国の理念、国家の意思、日本国民の精神が試されている」と述べた。米同時テロ以降、テロとの戦いで日米同盟はさらに拡大、深化している。日本が他国の犠牲や痛みを傍観し、平和になったら乗り出すというのでは、憲法前文にある「名誉ある地位」を国際社会で占めることはできない。

▼『毎日』――「憲法の枠を厳格に守れ」

憲法に抵触する事態があってはならない。首相は憲法前文を引用したが、最も懸念されるのは、憲法九条が禁じる武力行使につながる事態が起きるかどうかだ。いま直ちに派遣できる治安状況にない。何でも米国の言いなりになっていては真のパートナーにはなりえない。できないことは、できないというべき時もある。

▼『産経』――「国益と威信かけた選択」

自衛隊派遣反対が噴出する中、復興支援を軌道に乗せる国際行動への参加を決断した首相の姿勢を評価したい。派遣につき違憲論は根強いが、これを逆手にとる形で憲法前文の「われらは、平和を維持し、専制と隷従、圧迫と偏狭を地上から除去しようとして努めている国際社会において、名誉ある地位を占めたいと思う」というくだりを持ち出したのは、それなりに説得力があったといえる。

7　サマワ報告ねつ造問題

２００４・２

〝仕方がない症候群〟が最近の世相を汚染している。二〇〇四年一月、自衛隊がイラク入りした現実のインパクトが大きく、「今さら反対しても……」とのムードがこわい。日本の針路の大転換なのに、小泉政権は、野党や国民の意見に聞く耳を持たず、既成事実の積み重ねで難局を突破する強権的手法に凝り固まっている。新聞は、国会論議の大事な論点を整理して、問題点を指摘すべきなのに政治記事が平板すぎる。野党側の質問内容を分析せずに、簡単な紹介記事が多い

イラクに派遣される陸上自衛隊員。2004年6月25日、防衛庁での出国行事にて(提供＝毎日新聞)

のが気になる。

例えば、共産党議員が追及した「陸自先遣隊のサマワ情勢報告」。同党が入手した内部文書によると、隊員の帰国前に文書が作られていたとの指摘だ。わずか一日半の現地調査に疑いを抱いていた筆者も「あり得る」と感じた。しかし、この質問内容は一〇行足らずの報道、石破茂防衛庁長官の「その内部文書の真贋は確かめられない。調査報告にまちがいはない」との返答でフタされてしまった。

この関連で言えば、「サマワには、住民の意向を反映した市評議会などの存在で治安は安定している」という小泉首相の説明。野党の追及で、市評議会がいま存在していないことが判明、発言を撤回せざるを得なかった。「現地との情報連絡の不備」で終わらせてしまっていいのか。自衛隊員を〝戦地〟に派遣するのに、お粗末な情報収集では心許ない。新聞独自に追及すべき課題である。

陸自宿営地の借地料について、「地主要求年額は五〇万ドル、陸自提示額が七〇〇〇ドル」の報道にはびっくり。小麦畑を提供する農民への補償は必要だが、そもそも復興支援に携わる日本側がカネを出すこと自体に疑問があるのに、この高額は何だろう。バグダットを占領し、旧大統領官邸などを使っている米英軍が賃貸料を払っているとは考えられない。サマワの借地料は、戦争を始めた米英軍が支払うのが筋だ。値引きさせたとしても、陸自がカネで解決するのはまちがいだと思う。他国軍のケースも含め、徹底調査してもらいたい。

外交官二人の射殺事件は、二カ月も経つのに誰が撃ったかの解明が進んでいない。被害を受けた車もまだ日本に移送されず（やっと送り返されたが……）、遺体の解剖結果も発表されていない。唯一、防衛庁から「カラシニコフ銃の弾とみられる」との発表があったものの、同口径の銃もあるためテロの銃弾と確定できない。民主党議員は、被害車の写真を示して「銃弾の貫通具合から、かなり高い位置から撃ったと推定できる」と迫った。米軍誤射説うんぬん以前に、科学的解明を急ぐべきなのに、政府側は「調査しているが機密に属する問題もある。遺族の気持も考慮して……」と、きわめて消極的な答弁だ。この件の新聞報道にも、問題意識の欠如を感じた。

■「市民の声」を、もっと幅広く伝えよ

自衛隊派遣をめぐって投書欄で取り上げてはいるが、全国各地の市民集会やデモなどの記述が軽視されていないか。一例をあげれば、二〇〇四年二月六日の日本ペンクラブの緊急集会。「いま、戦争と平和を考える」と銘打ったものだが、新聞はほとんど無視している。在京六紙の中で、朝日・毎日が豆記事で報じたものの、単なる集会情報にすぎない。良識派文化人のアピール

に関心を持たないことが不思議でならない。一枚岩でないペンクラブだから、いろいろな論議が交わされたに違いないが、簡単な記事ではニュアンスはつかめない。じっくり取材すれば、国会論議より密度の濃い問題点が浮かび上がったはずである。

「武力にたよらないイラクの復興支援を求める」五三五八人の署名簿を内閣府に提出した一八歳少女の行為に感動した。毎日二月二日夕刊社会面トップ、特ダネ的に報じたもので、他紙の問題意識の無さにむしろ驚いた。宮崎県の高校三年の女生徒が昨年一二月から一人で署名を集めたというから凄いことだ。「これ以上イラク国民を傷つけないよう、そして、日本国民一人一人安全に責任を持つべき一国の首相として、勇気ある行動をしてください」と請願書に記されている。この純粋な少女の心を吸い上げることが政治の要諦ではないか。

ところが、「署名を読みましたか」との記者団の質問に小泉首相は「読んでません」と答えたあと、「自衛隊は平和貢献するんですよ。学校の先生もよく生徒さんに話さないと。この世の中、善意の人間だけで成り立っているわけじゃない。なぜ警察官が必要か、なぜ各国で軍隊が必要か」と、驚くべき返答。その後の参院特別委では「日教組には『イラク派遣は憲法違反だ』とデモしている人もいる。先生は政治運動に精を出すよりも生徒の教育に精を出すべきだ」と、お得意の〝すり替え〟論を展開した。首相には「民の声を聞く」姿勢などさらさら無く、教育にまで筋違いのクチバシを入れてきた姿勢には警戒を要する。新聞は、一少女の署名問題に矮小化することなく、二の矢、三の矢を放って追及してもらいたい。

一方、旭川市で始まった「黄色いハンカチ」運動を、各紙とも大きく報じている。イラクへ送られた自衛隊員の無事を祈る市民の気持はよく分かる。だが、「お国のため」と信じさせられながら作った「千人針」に、夫や息子の無事を祈る切なく悲しい六〇年前が蘇えってくる。戦前も今も、犠牲を強いられるのは庶民だ。戦争の悲劇をくり返してはならないと、つくづく思う。

乱世の今こそ、新聞記者が実力を発揮できる好機と認識してほしい。新聞社間の姑息な足の引っ張り合いなどは止め、正々堂々と紙面の質で競い合ってもらいたいと願っている。

8 「非戦闘地域」に砲弾が……　２００４・11

ブッシュ米大統領再選により、イラク情勢はますます混迷を深めている。イラク暫定政府は二〇〇四年一一月七日、北部クルド地区を除く全土に六〇日間の「非常事態宣言」を発した。自衛隊が駐留するサマワも対象地域であり、住民と外国人の移動制限や外出禁止令、集会禁止を暫定政府が命じることができる。全土に波及して来た無差別テロ殲滅《せんめつ》作戦の一環だが、不測の大惨事が恐ろしい。

■宿営地にロケット弾が撃ち込まれた！

ブッシュ米大統領が「イラク戦闘終結宣言」を出したのは二〇〇三年五月一日。あれから一年半も経過したのに、反米武装勢力の抵抗は激化するばかりだ。〇四年六月二八日「イラク暫定政府」に主権が移譲されたものの、治安は悪化の一途をたどっている。自衛隊派遣基本計画に基づき、二月八日陸上自衛隊第一陣がサマワ入りしてから一〇カ月になるが、「非戦闘地域」が幻想にすぎないような混乱が最近宿営地周辺で頻発。サマワではオランダ軍部隊が襲撃され兵士一人が死亡した八月以降、攻撃の矛先はむしろ自衛隊に向けられてきた。一〇月八日に「日本イラク友好記念碑」が爆破され、二二日には初めて自衛隊宿営地にロケット弾が撃ち込まれた。そして三一日夜（日本時間一一月一日未明）再びロケット弾攻撃があり、鉄製の荷物保管用コンテナ貫通の被害を受けた。人質となった香田証生さんが殺害された直後であり、米軍に〝協力〟する自衛隊が〝標的〟にされてきたと認識すべきだろう。今まで宿営地近くに迫撃砲弾が撃ち込まれたことは六回あったが、宿営地内へのロケット攻撃はただ事ではない。「非常事態宣言」適用地域のサマワを安全地帯と言えるはずがないのに、「非戦闘地域」との妄想を改めようとしない小泉政治は危険極まりない。

「イラク特措法」によって、自衛隊の活動区域は、憲法に抵触する武力行使との一体化を避けるため「現に戦闘行為が行われておらず、活動期間を通じても戦闘行為が行われないと認められる地域（非戦闘地域）」に限定されている。サマワ周辺の治安は一〇月以降急速に悪化し、隊員が宿営地から出ることすら危険な状態という。こんな状況下で、復興支援活動を円滑に進められるだろうか。救援のメインとなっている給水活動も宿営地内で浄水した水を、同宿営地内に取りに来たイラク側トラックに供給している現状。施設の修復や道路整備も地元民を雇用してやっているものの、大規模支援には程遠いようだ。このため、地元民には失望感が高まっていると聞く。特にロケット砲撃を受けてから八日間は宿営地に待機していたと、大野功統防衛庁長官が記者会見で語っていた。

当初から「非戦闘地域」論には詭弁の印象が強かったが、サマワの現実が危険性を実証してしまった。しかし政府は、「国や国に準ずる組織・人による国際性、計画性、地域性、継続性のある攻撃が続いている地域を『戦闘地域』とする」との規定に該当せず、「サマワはまだ非戦闘地域」と強弁している。小泉首相は一一月一〇日の党首討論でも同様の答弁をくり返していたが、政府はいつまでこの論理に執着するのだろうか。現状を冷静に分析し、「治安状況などを総合判断して、自衛隊は時限立法どおり一年間の任務を終えて引き揚げる」と宣言すべきだろう。人道的な国際貢献を国是とする日本国家独自の判断を、他国が非難するはずがない。

■主要各紙の論調を点検

主要各紙は、このサマワ問題どう捉えているか。論説の骨子を引用して参考に供したい。

▼『読売』――今回の攻撃も、自衛隊を撤収させようとする〝脅迫〟であることに変わりはな

い。人質を殺害した武装グループの要求と違いあるまい。そうであれば、当然、また、脅迫に屈して自衛隊を撤収することなどあってはならない。民主党の岡田代表らは、サマワ周辺では「戦闘地域」「非戦闘地域」が峻別できないとして、自衛隊の撤収を求めている。しかし、ロケット弾や迫撃砲弾の発射は、散発的なものだ。武装勢力がサマワ周辺に組織的に展開し、継続的な攻撃をしているわけではない。これを「戦闘地域」というのは、まず「自衛隊の派遣反対」ありき、だからではないか。

▼『朝日』――サマワは非戦闘地域だ。復興支援の活動だ。首相はそう言うが、対米関係を重視して無理に無理を重ねた派遣であったことはまちがいない。給水などの活動も、もうイラク人に託すことができよう。二〇〇五年三月にはサマワの治安を守るオランダ軍が撤収の方針だ。米国のイラク政策が行き詰まった今は、自衛隊の撤収を検討する時期でもある。本社の世論調査でも六三％の人が延長に反対している。

▼『毎日』――一二月一四日には、自衛隊派遣期間を延長するかどうかの決断が迫られる。ブッシュ再選を受けて、自民党内には「期間延長は規定路線」との声も出ている。しかし、世論が分かれるこの問題に十分な説明ができないようでは「対米追随」のそしりを免れない。隊員の安全とも密接に関連する現地情勢を綿密に掌握し、国会の論議や世論の動向を踏まえた判断を求めたい。

▼『東京』――イラク特措法は、首相と防衛庁長官に対し、派遣部隊のため「安全確保に配慮し

なければならない」と義務づけている。政府は、武力行使に至る事態を防ぐ義務とは別に、安全確保の法的責任を負うのだ。政府は、危険の予見可能性を十分に認識し、安全確保義務を誠実に果たさねばならない。防御に大きな不安が残るのなら、撤収時期の具体的検討を迫られる。

■動きとれぬ自衛隊と膨大なコスト

イラク情勢の悪化で現地特派員の大部分は、周辺国に拠点を移した。〇四年四月以降サマワから、大手新聞・通信社が引き揚げてしまい、現地情報が極度に不足している。こんな中で、橋田信介さん、小川功太郎さん、香田証生さん惨殺事件が起きたが、サマワ駐留自衛隊がなぜ事後処理に動かないのか不思議でならない。人道支援の趣旨からいっても、遺体搬送などに協力すべきではなかったか。自衛隊員が宿営地周辺でしか行動できないほど危険なら、東京で政府高官がいくら「非戦闘地域」と叫んでも、安全地域ではないだろう。現地取材ができないにしても、多くの問題点を指摘して、「自衛隊駐留継続」の是非を紙面でもっと論議してもらいたい。インターネットで情報検索したところ、故橋田信介氏の遺稿ともいえる「ババボボ日記」のサマワ取材の記述を見つけたので一部を紹介しておく。

「日本の軍隊（自衛隊という特殊な言語は世界どこにもない）は地元の人々に水を供給するのが主な任務です。一日七〇トンから八〇トンの水を供給するのです。水道局職員に聞くと、『水にはそんなに困っていない。それにフランスのボランティアが援助してくれているから』という。フランスのNGOが地元の人、六〇人を雇用して供給を手伝っているのだそうです。失業率が七〇％以上の地域ですから地元の人には大歓迎されています。日本の軍隊がこれらの人々の仕事を奪わないか心配です。でも、たかが八〇トン程度だから影響は少ないかも。ところで、今度サマワに投入される予算総額は三五〇億円を超しそうです。つまり一日に約一億円使うのです。ところで地元の市場でネッスルの一・五リットルのミネラルウォーターを買いました。日本円で五〇円ですから、一・五トンで五万円。八〇トンの水を買うとすれば約二七〇万円となります。日本の軍隊は、約一億円かけて八〇トンの水をつくっている。国民の税金を湯水のように使う象徴でしょう。」

ベトナム戦争以来、終始現場主義に徹した橋田さんのリポートに学ぶことは多く、ほんの一部しか紹介できないのは残念だが、机上の空論より説得力を持つ。イラク情勢の真相究明に、新聞の奮起を切望している。

第3章　ゆらぐ「日本国憲法」

1 「国の基本法」軽視の風潮

２００２・５

憲法の生るゝ日に、
憲法の立つ日に、
さきはひに　われありて、
この生ける　現目《まさめ》以て
喜びの日にあへる
　国人の心を　見む
　憲法は　さだまりぬ。
　憲法ぞ　いつくしき。
あゝ　心ゆく　如何なる語《ことば》を以て――
この新しき　国の紀元に、
　興《あずか》り照る国人の心を
　後の代に――とこしへに傳へなむ

釈迢空（折口信夫）の「新憲法實施」と題する詩の一節である。一九四七年五月三日、新憲法施行に託した日本国民の願いが込められている（『朝日新聞』同年五月五日朝刊に掲載）。あれから半世紀余、五五回目の記念日を迎えた。敗戦によって明治欽定憲法五五年の命脈が絶たれ、国民主権の憲法に衣替えしてから五五年という歳月の奇しき符合に、特別な感慨を覚える。政治が混迷する中、釈迢空がうたいあげた高揚感はなく、憲法に冷ややかとも映る昨今の世相が気がかりである。

■大臣、国会議員に順守義務

憲法第一〇章は「この憲法は、国の最高法規であって、その条規に反する法律、命令、詔勅、及び国務に関するその他の行為の全部又は一部は、その効力は有しない」（九八条）と規定、続く九九条に「天皇又は摂政及び国務大臣、国会議員、裁判官その他の公務員は、この憲法を尊重し擁護する義務を負ふ」と明記していることに注目しなければならない。権力を握る人々に厳しい憲法順守義務を課しているのである。

評論家の佐高信氏は参院憲法調査会で参考人として意見を述べた際、「憲法九九条で改めて大臣、国会議員らに憲法順守義務を課したのは、（彼らが）歴史的に憲法を破ってきたからであり、憲法を邪魔者扱いする要注意人物ですよ、という警報というふうに思う。憲法にとっての危険人物のブラックリストだ」と喝破している。昨今の政治権力者の無法ぶりを見せつけられている国民にとっては、留飲を下げる辛口論評ではないだろうか。

小泉純一郎首相の靖国参拝強行など憲法がらみの論議は後を絶たず、有事法制化・メディア規制二法の動きなども憲法的視点から看過できない大問題だ。それに加えて政治スキャンダルは目を覆うばかりであり、「三権の長」である参院議長の秘書逮捕→引責、議員辞職に及んで政治腐敗は頂点に達した感が深い。憲法順守義務があり、立法機関の任に当たる国会議員が自ら作った法を破る実態をこれほどリアルに見せつけられては、政治不信が高まるのは当たり前だ。

このような時期に迎えた憲法記念日（〇二年五月）だけに、政府声明を出して「法を守る精神」を国民の前に誓ってほしかったが、その資格すらなかったと言えるかもしれない。『朝日』『読売』『産経』は五五回記念日を三日付一面に掲載しておらず、他紙の一面扱いもアピール力に乏しかった。各政党の声明を載せたのは『読売』だけだったのもさびしい限りだ。「国の基本法」への軽視を物語るものであり、〝漂流ニッポン〟の姿を見るような物悲しい記念日になってしまった。

■ちらつく「衣の下の鎧」

二〇〇一年秋成立したテロ対策特別措置法に基づいて自衛隊の艦船が初めてインド洋に出動、米軍などへの給油活動を続けている。そして〇二年五月の連休明けから、「武力攻撃事態法案」を骨子とする有事法制関連三法案をめぐる国会審議が始まった。小泉首相は五月七日の衆院特別委員会で「憲法改正論議もタブーではない。憲法は将来、改正した方がいい。憲法改正を現実の政治課題に乗せる考えはないが、（私は）最初の選挙から、改正論者で通っていた」と述べている。世論を意識しての発言だろうが、「衣の下の鎧」が透けて見える。

安全保障問題を核に憲法論議が高まりを見せてきた中、憲法記念日当日（〇二年五月）の新聞各紙はどのような論調だったか。

『読売』は「『安保観』の確立こそ時代の要請」と題して、有事法制化の意義を強調。一九九四年の憲法改正試案、二〇〇〇年の第二次試案と改憲キャンペーンを行なっている同社の姿勢に基づく社論と読み取れるが、これまでの改憲試案に一言も触れなかったのはなぜだろうか。「もとより、基本的人権の尊重など、現行憲法の柱となっている普遍的原理を生かしていくのは当然である。同時に、虚心に憲法と向き合い、変化に合わない点、欠けている点を考え、ただいたずらに、『護憲』『改憲』スローガンを叫ぶだけでは、知的怠惰以外の何物でもない」との文脈からは、いわゆる「論憲」へ軌道修正したようにも推測される。

「変化を求める『国のかたち』」と題する『産経』も大半を安全保障構築の必要性を論じているものの、「改憲」を明快に打ち出していない。二年半前に国会に設置された憲法調査会がいまだに「論憲」の段階である点に配慮したためだろうか。

次に「憲法論議を国民の手に」と題した『朝日』社説、どちらかと言えば「護憲」より「論憲」的な姿勢と読み取れる。憲法学者、佐藤幸治京大名誉教授の言葉を引用して「『法典をいじるかどうかの議論が強く、憲法典を現実に血肉化させるための努力をなおざりにしてきた』というのが氏の戦後政治観だが、同感だ。いまの日本に必要なのは憲法改正を、などと考えるより、政治や行政を、民意を真に反映する仕組みへとつくり替えていくことであろう」と述べる。そして末尾で「私たちは、当面、憲法改正の必要性があるとは考えていない。しかし例えば、将来、民意を貫徹するための広範な国民投票制度（『憲法改正国民投票法』など）の導入のためにも、この制度をどう設計するか、の議論は大いに役立つ」と主張している。

「タブーなき議論の空気を歓迎」と題する『毎日』は、「論憲」の立場だろう。「私たちは現行憲法を高く評価してきた。半世紀以上も一切改正が行われなかったのは『成文憲法の奇跡』と皮肉られるが、裏返せば国民主権、基本的人権、戦争放棄を基本とした現憲法の諸原則とシステムが二十世紀後半の時代にマッチしていた証左でもある。現に日本は廃墟から立ち上がり、世界第二位の経済大国になった。世界一の長寿国となり、直接戦争に巻き込まれることもなかった。だが憲法は不磨の大典ではない。時代に合わせて不断の見直しを進めることは、成文憲法を持つ国民の責務である。……憲法記念日に当たって、守るべきは守り、改めるべきは改める原点に立って、憲法論議を深めることを呼びかけたい」という論調だった。

『東京新聞』の「時代の道案内として」は、筆法に工夫がみられた。沖縄での公聴会を軸に、憲法をめぐる問題点を巧みに指摘している。「『沖縄ではまだ憲法が完全適用されたことがないのに、古くなったから変えようというのか』『沖縄はとっくに有事法制化だ』……公述人からも傍聴人からも『果たして政府は平和憲法を生かす努力をしたのか』という声が出ました。そんな沖縄では『憲法調査会は改憲を前提にしない』と言っても信用されません。県民たちの目には『調査』という衣の下に『第九条改定』というヨロイが見えてしまうのです」との指摘は重い。題名はバーガー米連邦最高裁元長官の言葉だそうで、「憲法を血肉化するには、道に迷った時、必ずこれに光を当てることが大事です。目の前に見える道へすぐ歩み出すか、踏みとどまって地図を見ながらじっくり道を探すか。私たちの将来がかかっています」との訴えは、説得力をもつ（『日経』は当日、憲法社説がなかった）。

「国の基本法」を時の権力の都合によって安易にいじってはならない、というのが筆者の基本姿勢である。崇高な憲法理念を現実にどう生かすかに努力すべきなのに、時代の風潮に左右される現状こそ、日本国民の将来を危うくする。

「論憲」とは漠とした言葉だが、現実に国会の憲法調査会は始動しており、今国会では憲法に抵触しかねない重要法案を審議中だ。国民も新聞も安閑としてはいられない。明治憲法五五年・現行憲法五五年の二〇〇二年を、「憲法を血肉化する」ための年にするとの決意が必要だろう。国民一人ひとりが針路を精査して進めば、道は開ける。

2　自衛隊イラク派遣が憲法理念にかなう？　2004・1

イラクへの自衛隊派遣強行に直面して、憲法論争が一段と高まってきた。しかし、国会論議では、憲法の理念や国家像に関する真剣な討論が欠落していることに気づく。政府が法を無視して既成事実を積み重ね、原理・原則の論議を回避しているように見受けられる。

「日本の社会でいう〝現実〟とは、客観的に観察した結果としての実際の結果というより、心情的なイメージに合わせて構築された。……西洋では、現実はそうやすやすと管理されたり、意のままに作り変えられたり、相談で決められたりするものとは、考えられていない。つまりこうあるべきだという任意の考えによって左右されるものとは考えられていない。事実、西洋の哲学または西洋の常識の基礎は、人間にはつきものの自己欺瞞をおさえるには、妄想や幻想を入り込ませないようつねづねよく注意することだと教えている。ギリシャ文明以来、西洋の知の発達の歴史を貫いてつねに強調されてきた戒めが一つあるとすれば、『矛盾を育むなかれ』ということである」と、K・V・ウォルフレン氏は『日本権力構造の謎』で述べているが、小泉純一郎首相の政治手法にピタリ当てはまる指摘である。

■小泉首相の憲法前文〝つまみ食い〟

「イラクへの自衛隊派遣基本計画」を決定した二〇〇三年一二月九日、小泉首相は記者会見で憲法前文を読み上げ、派遣の意味づけに使った。しかし、後段だけを〝つまみ食い〟したうえ、第九条にはいっさい触れず「憲法の理念にかなう」と強弁している。

別項に掲載した憲法前文と第九条を参照して頂ければ一目瞭然であり、まことに危険な〝憲法解釈〟と言わざるを得ない。

この首相発言に疑問を呈した新聞は多かったものの、その欺瞞性を衝いた『琉球新報』の社説（03・12・11）が最も的を射ていた。

「自衛隊のイラク派遣について、小泉純一郎首相から『憲法理念にかなう』との言葉を聞こうとは、予想さえしなかった。多くの人が疑問に思ったのではないか。しかも、小泉首相は憲法の前文を途中の後半部分から読み上げ『憲法理念にかなう』と断定したのである。憲法前文の前半部分には、国民主権、戦争の放棄、恒久平和への念願がうたわれている。しかし、小泉首相は、その部分は読み上げず、後半部分のみ引用した。それは『全世界の国民が、ひとしく恐怖と欠乏から免かれ、平和のうちに生存する権利を有することを確認する』『いづれの国家も、自国のことのみに専念して他国を無視してはならない』というものだ。……ご都合主義的な憲法解釈は、さらに憲法の形骸化を招くものである。自衛隊の活動範囲を広げるために政府は憲法の拡大解釈をくり返してきた。この泥縄的対応が限界に達しているのは周知の事実である。しかも、今回は『戦時』下の他国領土での活動という分野にまで踏み出した。これでは、憲法の平和条項はなきに等しい、といえよう。イラク復興支援特別措置法が、自衛隊の『非戦闘地域』に限定した理由は、憲法の制約にあった。しかし、その概念があいまいなまま、いとも簡単に憲法の壁を飛び越え自衛隊を派遣することを決定した。それもご都合主義的な憲法解釈によって。憲法を『大義』に使うのであれば、むしろ憲法の原点に返り自衛隊派遣を断念すべきである。憲法の拡大解釈が限界に達したのを受け、憲法改正の動きも加速しつつあり、その動きにも警戒しなければならない。」

小泉首相は、「二〇〇五年で自民党は結党五〇年、結党時の精神が自主憲法制定だったこともあり、自民党もそろそろ政党として憲法改正案を考えるのもいい」（〇三年八月二五日、記者団に）と語り、〇四年二月一〇日の衆院予算委では「自衛隊の存在や海外派遣も憲法違反と取る向きもあることは承知している。国民の解釈が違憲、合憲に分かれる状況をなくすためにも、すっきり改正していった方がいい」と、積極姿勢を示した。

首相は、「改正点は第九条だけではない」と言って、四三条（両議院の組織――比例代表制の問題点など）と八九条（公金の支出制限――私学助成など）の二点を補足説明しているが、「九条改正」が真の狙いであることがいよいよはっきりしてきた。しかし首相は「私の在任中は改正しない」と、〝先送り〟発言で煙幕を張る。消費税引き上げ論と同じ、目くらましの発言だ。

民主党の「創憲」、公明党の「加憲」表明により、改憲機運が高まってきたが、一歩立ちどまって「憲法」を考える必要がある。

■戦後の憲法制定、あの純粋な感動

この背景に、「9・11テロ→アフガン戦争→テロ特措法→イラク戦争→イラク復興特措法→派兵」という時代の奔流があった。イラク派兵は明らかに憲法違反なのに、前段で示した通り、捻じ曲げた憲法解釈で強行突破してきた政治姿勢は許せない。

そもそも「日本国憲法」は、「この国のかたち」を決めた国家の基本法である。しかも、数百万人の犠牲の果てに制定された「平和憲法」との認識を堅持しなければならない。憲法改正条項（九六条）があるからといって、時の政権の思惑によって改正を誘導する動きは黙認できない。

「押しつけ憲法」と論難する勢力はあるが、敗戦後の復興に当たった幣原喜重郎内閣、吉田茂内閣の新憲法制定にかけた苦闘と国会での真剣な論議をもう一度噛み締めるべきだ。様々な論争があったものの、「政府の行為によって再び戦争の惨禍が起ることのないやうにすることを決意し、ここに主権が国民に存することを宣言し、この憲法を確定する」と集約された最高法規であることは、万人の認めるところだ。

新憲法が制定された一九四六年〜四七年——空襲による廃墟が都市に残っていたあの頃、旧制中学生だった筆者の記憶がよみがえる。生活は苦しくても、〝新生日本〟への希望は膨らみ、憲法普及会を核にした精力的活動が全国で展開された。公布（一九四六年一一月三日）から施行

（四七年五月三日）までの半年間、講演会・解説書の刊行、頒布・紙芝居・写真展を通じて活気が溢れていた。また、同普及会刊行の『新しい憲法、明るい生活』の冊子を全国各戸に配布するという念の入れようだった。

本稿執筆中に、吉田首相の全国ラジオ放送ラジオ（新憲法公布の夜）を思い出し、新聞縮刷版を探したところ、『毎日新聞』一面に放送要旨が掲載されていた。「三日午後八時、東京中央放送局から吉田首相が『日本国憲法の公布について』と題し、全国放送を行い、国家再建を訴えた」のである。平和希急の叫びの一端を引用し、国家指導者の熱誠に触れたいと思う。

「第九〇回帝国議会において前後一一五日間という議会始まって以来、未曾有の長期にわたって、衆知を集め真剣なる論議をつくして貴衆両院共に政府原案に若干の適正なる修正を加え、一〇月七日を以て新憲法は可決成立した。この憲法は前文に明らかな通り日本国民が選んだ国会における代表者を通じて確定したるもの、言い換えればわが国民の自由に表明した意思による憲法である。而《し》こうしてこの憲法は天皇を日本国及び国民統合の象徴と明記し、人類普遍の原理に基づき、且つ徹底した平和主義によって国家再建の基礎を固め、国民の福祉を永久に保障せんとするものである。また世界に率先して戦争を放棄し、自由と平和を希求する世界人類の理想をその条章に明記するとともに常に基本的人権を尊重し真に民主主義国家を建設せんとする国民の決意を明らかにしたものである。われわれ国民は、これによって高い理想を掲げて一層祖国再建の道へと進まんとするのである。私はこの憲法の下、われわれ国民が絶えざる努力を続けるならば、必ずやわが日本は国民の幸福を確保しさらに進んで世界人類の進歩に偉大なる貢献をすることを固く信じて疑わない。」

当時、焦土に残った防空壕で暮らす人も多数おり、このラジオ放送に感銘を受けた国民は多かったに違いない。朝鮮戦争（一九五〇年）後に自衛隊が発足したものの、「専守防衛」に限定され、曲がりなりにもその理念は守られてきており、戦後半世紀以上「一度も戦火を交えない」国づくりをしてきたのだ。

「国民主権、基本的人権の尊重、平和主義」の三本柱のどこに問題があるのか。保守派を含めて、「九条の理念」そのものへの反対論は少ない。けっきょくは「集団的自衛権」についてどう考えるかが最大の争点と考えられる。そこで、「最初に憲法改正ありき」ではなく、最高法規である憲法につき、国民的論議を深めてもらいたいのである。

保岡興治・自民党憲法調査会長によると（『朝日』03・12・29朝刊）、「国会の憲法調査会が最終報告を出すと、議案権を持つ『憲法改正委員会』の設置が浮上する。ここが〇五年以降の議論の場となろう。小泉首相は任期中は改憲をしない方針だ。翌〇七年が大きな節目だ。次の次の参院選が同年夏にあり、一一月には今の衆院議員が任期満了を迎える。この機会に、改憲の国民投票を実施するというのが、現時点で考えられるシミュレーションの一つだ」という。改憲へ向けてのレールづくりが進められている現状に、新聞も国民も監視の目を光らさなければならない。

■災害や医療に特化した文民の貢献

今回のイラク派兵論議で、小泉首相は非論理的な「非戦闘地域」という言葉を多用し、「復興支援に行くのであって、武力行使はしない」との強弁をくり返すばかりだ。そして「自国のことのみに専念して他国を無視してはならない」との憲法のほんの一部を〝悪用〟してイラク派兵の既成事実を作り、一気に改憲への道を開こうとしていると思える。国家の屋台骨をゆるがすような判断まで〝頑迷〟首相に委ねるわけにはいかない。『読売』『産経』は明らかに改憲推進論だが、新聞総体が「憲法」の成り立ちを振り返り、平和国家像を再構築する〝旗手〟の気概を持ってほしい。

自衛隊は専守防衛に徹し、海外活動は他国民のための災害復旧や医療活動に専念させる仕組みの構築が緊要だ。この点で、次の寺島実郎・日本総合研究所理事長の提言は、「日本の国際的関与」の道筋を明確に示した構想だと思う。

「(日本は) 米軍と一緒に旗を立てて行くんじゃない。医療なら医療に特化したらどうですか。自衛隊が行くにしても『基軸は医療だ』ということにして、隊員を外務省の職員に転籍させ、あくまで医療班として展開する。以上のことを国民、世界が納得するように説明すれば尊敬され、歓迎される。……自衛隊は専守防衛を基軸にした軍事力ですから、海外に出て行く時は、そのスキーム (仕組み) の中で軍人としてのステータスを停止して (他の構成メンバーと) 一体となって出て行くべきだという主張です。」(『毎日』03・7・5朝刊、山内昌之・東大教授との対談)

「平和国家・日本」を発信する構想ではないか。世界各地で活躍するNGOと一体となった、文民による政府救援組織に、世界の支持が集まるに違いない。

国会の憲法調査会は、二〇〇〇年一月に発足。公表された会議録のうち重要と思う記述を読んだだけでも、参考人の意見は多種多様だ。護憲派・改憲派の色分けなどは外し、既成概念にとらわれない「憲法と国家像」に関する論議をもっと深めてほしい。ウォルフレン氏に指摘された「日本人特有の〝現実論〟」の陥穽にはまらないよう注意して……。

そもそも、憲法順守義務を逸脱して、ご都合主義に走る一部の扇動政治家に、憲法改正を提起する資格があるのか。もう一度、六〇年前の「軍国日本」の破綻を想起すべきである。日本の未来は「平和憲法」の先に開けてくる。

日本国憲法（一九四七年五月三日施行）

（前文）日本国民は、正当に選挙された国会における代表者を通じて行動し、われらとわれらの子孫のために、諸国民との協和による成果と、わが国全土にわたって自由のもたらす恵沢を確保し、政府の行為によつて再び戦争の惨禍が起ることのないやうにすることを決意し、ここに主権が国民に存することを宣言し、この憲法を確定する。そもそも国政は、国民の厳粛な信託によるものであつて、その権威は国民に由来し、その権力は国民の代表者がこれを行使し、その福利は国民がこれを享受する。これは人類普遍の原理であり、この憲法は、かかる原理に基くものである。われらは、これに反する一切の憲法、法令及び詔勅を排除する。

日本国民は、恒久の平和を念願し、人間相互の関係を支配する崇高な理想を深く自覚するのであって、平和を愛する諸国民の公正と信義に信頼して、われらの安全と生存を保持しようと決意した。われらは、平和を維持し、専制と隷従、圧迫と偏狭を地上から永遠に除去しようと努めてゐる国際社会において、名誉ある地位を占めたいと思ふ。われらは、全世界の国民が、ひとしく恐怖と欠乏から免かれ、平和のうちに生存する権利を有することを確認する。

われらは、いづれの国家も、自国のことのみに専念して、他国を無視してはならないのであって、政治道徳の法則は、普遍的なものであり、この法則に従ふことは、自国の主権を維持し他国と対等関係に立たうとする各国の責務であると信ずる。

日本国民は、国家の名誉にかけ、全力をあげてこの崇高な理想と目的を達成することを誓ふ。

（傍線は、首相の引用個所）

第二章　戦争の放棄

第九条　日本国民は、正義と秩序を基調とする国際平和を誠実に希求し、国権の発動たる戦争と、武力による威嚇又は武力の行使は、国際紛争を解決する手段としては、永久にこれを放棄する。

２　前項の目的を達するため、陸海空軍その他の戦力は、これを保持しない。国の交戦権は、これを認めない。

3　「アーミテージ発言」で改憲圧力　2004・8

二〇〇四年六月初め訪米した小泉首相は、「主権移譲後のイラクに、自衛隊を引き続き派遣する」と、ブッシュ米大統領に約束した。国連新決議に基づいて編成される多国籍軍への参加を表明したもので、日本の安全保障政策の大転換なのに、「初めにブッシュ追随ありきで、閣議決定も国会審議もすべて後回し」という小泉・独断外交は許せない。その後も無原則な〝対米追従〟姿勢が目につく。先の参院選挙での自民党のキャッチフレーズ、「この国を想い　この国を創る」は看板倒れ。「あの国を想い　この属国を創る」とのパロディーに軍配をあげたくなるのも、「この国」の主体性の無さへの苛立ちが嵩じたためであろう。

■「九条は日米同盟関係の妨げ」

アーミテージ米国務副長官は〇四年七月二一日、訪米中の中川秀直・自民党国対委員長と会談、憲法九条につき「日米同盟関係の妨げの一つになっている」と述べ、さらに「国連安保常任理事国は、国際的利益のために軍事力を展開しなければならない役割も大きい。それができないなら、常任理事国入りは難しい」との踏み込んだ発言をしたと、各紙二二日朝刊が伝えた。アーミテージ氏がこれまでもくり返し述べている持論であり、「またしゃべったか……」との印象ではあるが、執拗に「九条改正」をせまる知日派・米高官の狙いを警戒すべきだろう。その点、多くの新聞が3段程度の扱いだったのに比べ、『毎日』の一面トップ扱いを評価したい。

アーミテージ氏が民間時代の二〇〇〇年一〇月に発表した「アーミテージ報告」に、同盟国日本への各種戦略が盛り込まれており、その基本的考え方はブッシュ政権のブレーンとなった今も変わらない。同種の発言でも、タイミングをとらえて飛び出す〝アーミテージ語録〟の政治的影響力ははかり知れない。9・11テロ後の「ショー・ザ・フラッグ」発言が「テロ対策特措法→自衛艦のインド洋派遣」の突破口となり、「ブーツ・オン・ザ・グラウンド」が「イラク復興特措法→自衛隊サマワ派遣」の理由付けになったことは否定できず、対日強硬外交の例証だ。手を変え品を変え圧力をかけるやり方は巧妙で、日本外交は翻弄されっ放しではないか。今回の「改憲発言」も日本の改憲論議にハッパをかける狙いがあったとみられる。

これより先、『日経』の〇三年一二月二五日朝刊に掲載された同副長官単独会見は、ズバリ米国の本音を示したものだ。政府が自衛隊のイラク派遣を決めた直後の会見だったが、「日本が見せた行動は偉大な国の証」と称賛したうえで「日本が戦後に署名した最も重要な公文書は日米安保条約だ。国連憲章は二番目だと思う。日本の安全保障の第一に来るのは国連ではなく日米安保関係だ」と語気鋭く語ったのである。

パウエル国務長官も〇四年八月一二日、日本人記者との会見で「日本が安保理をめざすなら憲法九条を吟味する必要がある」と語っており、米国の改憲圧力は露骨になってきた。日本国家の枠組みとして最も重要な「九条」につき、内政干渉的な言動はとんでもない。新聞は発言の真意を追及し、その背景をもっとコメントすべきで、会見内容の紹介だけでは物足りない。

アーミテージ発言に対し、批判的論調を掲げたのは、『毎日』と『朝日』。

『毎日』（７・23）は「はっきり指摘しておきたい。わが国の改憲論議は、国連安保常任理入りのためにしているわけではない。時代の間尺に合わなくなった部分があるのかどうか、総点検するところから出発しているのである。改憲は米国に言われてするものではない」と述べ、「仮に、憲法論議を再燃させようとの意図で、中川氏らが米国の力を借りようとしたなら、本末転倒も甚だしい」と指摘している。『朝日』（７・24）は、「アーミテージ氏は『日本が決めること』と前置きはしたが、直接九条を名指ししての憲法批判は何ともいただけない。いまだに『占領国』のつもりかと受け止めた日本人は少なくあるまい。世界中で米国とともに戦えるようにするための憲法改正を国民の多くが望んでいるわけでないことも、知日派の彼ならよく知っているはずだ」と反論。同紙も「日本の政治家の〝アーミテージ詣で〟」を批判しているが、〝外圧頼み〟とは情けない。

『産経』（７・24）は「副長官の指摘は基本的に正しい。〝内政干渉だ〟などとあえて反米感情を煽るような言動は適切でない。……日本人の自立精神が試されている」と賛成意見。『読売』にはコメントも論評も見当たらなかったが、「副長官発言は当たり前のこと」との認識だったと推察する。

この点につき憲法学者、小林直樹・東大名誉教授の指摘（『朝日』8・4朝刊「私の視点」）は、問題の本質を明快に喝破していたので、その一部を紹介し参考に供したい。

「憲法九条の改定を促し、あるいは要望している点で内政干渉の性格を帯び、見過ごせない。……（これまでも対米軍事協力をしてきたが）それでも米国には、『帝国』運動を推進するため日本の資力・人力・軍事力を全面的に駆使するうえで、憲法九条が阻害要因にみえるのであろう。そうした見方がアーミテージ氏の発言の背景にあるのは恐らくまちがいない。しかし、『九条が邪魔』との指摘は今の日米の力関係を考えると、単なる認識ではなく強い要望、要求の色合いが濃い。改憲を進めたい日本の政治勢力にすれば、同盟国から強力な援護として利用できる。他国の憲法に対してこのような発言をする行為は、相手をあたかも半属国のように見下す高慢な態度でなくて何だろう。しかもその認識には『憲法より同盟を重視する』という含意があり、理論的にも重大な誤りを犯している。主権国家の憲法は国際関係上、原則として条約の上に位置する。少なくとも憲法の中核をなす根本規範が条約に勝るのは当然だ。同盟の規範が憲法に違反すれば無効であるべきで、同盟の便宜のために憲法を変えるなどは、許されない本末転倒した思考である。」

■「改憲……国連決議下で武力行使可能」

〇四年七月参院選で議席を伸ばした民主党の岡田克也代表も月末に訪米、「自民党に代わる責任政党」をアピールした。新党首としての〝米国詣で〟に力が入りすぎたか、暴走気味の発言が気懸かりだ。

岡田代表はワシントンで「新しい日本と二一世紀の日米関係」と題して講演。「集団的自衛権の行使を広く認め、自衛隊が米軍と共同した軍事力行使を世界中で行なえるようにすべきだとの意見には反対だ」と、平和憲法の理念を強調し、日米同盟に基づく派兵拡大に歯止めをかける姿勢を示した。ところが、このあと「私は従来の野党のように護憲論者ではない。憲法を改正して、国連安保理の明確な決議がある場合に、日本の海外における武力行使を可能にし、世界の平和の維持に積極的に貢献すべきだとの立場に立つ」と強調した。

野党第一党責任者の岡田発言は重大で、その影響は大きい。「創憲」を旗印にした民主党だが、平和主義条項について明確な統一見解をまだ提示していない。それなのに、岡田代表が〝武力行使容認〟に言及したのは奇々怪々だ。たとえ「国連決議」との前提があっての見解にしても、組織政党としておかしな話である。ブッシュ政権に自制を求めた点は評価してもいいが、九条改正発言によって米側の関心を買おうとしたなら噴飯ものだ。

『朝日』（7・30朝刊）が一面で大きく報じた以外、他紙があまり関心を示さなかったのは何故か。「憲法を改正し、自衛隊の存在や国際平和活動を明文化するという議論なら、それなりに分かる。だが、海外で武力行使をしないという現憲法の大原則を変えることは決して許されない。そんな改憲を国民も望んではいない」と『朝日』社説（8・3）は指摘していたが、民主党にとって〝岡田発言〟は大きな失点である。何故なら、「自衛隊と別組織の国連待機軍」構想を打ち出し、党内論議がまだ煮詰まっていない段階での〝岡田発言〟が唐突すぎるからだ。いずれにせよ、思い付きの「改憲論」は危険である。荒っぽい議論ではなく、慎重に憲法論議を進めてもらいたい。

4　「自衛軍」明記した自民の改憲試案　2005・4

「九条改正」の〝進軍ラッパ〟が気掛かりな昨今である。敗戦二年後（一九四七年）の五月三日施行された「平和憲法」の高揚感とは対極的に、いま「改憲」の声が居丈高に迫ってくるのだ。

「憲法九条ができた時に、南原繁さん（元東大学長）が若い研究者に『これは、日本国民にとっては過大な負担だな。これを維持していくための倫理性、道徳性を日本国民が持っているとは思えない。あなたたちの時代がきちんとすることによってそれを維持していかなくてはいけないんだ』と言ったというけど、まさにその通りです」と、憲法学者・樋口陽一氏が雑誌の鼎談で語っていたことが脳裏に焼きついている。十五年戦争の廃墟から復興に立ち上がった日本が半世紀以上も他国と戦火を交えず、平和を守り続けてきたことを、私たちはもっと誇りに思うべきである。

湾岸戦争―アフガン戦争―イラク戦争の軌跡をたどると、「改憲」へ向けての社会風潮が醸成されてきたことは明らかだ。二〇〇〇年一月、衆参両院に憲法調査会が発足。自民党は結党五〇年の〇五年秋をめざして憲法改正案作成のヤマ場にさしかかった。政府・自民党の画策に引きずられるように、公明党は「加憲」、民主党は「創憲」を謳い文句に独自案の検討を進めている。

「二〇〇三年九月、訪米した衆院憲法調査会の中山太郎会長を前に、知日派のアーミテージ米国務副長官は自ら著した対日戦略文書『アーミテージ・リポート』(二〇〇〇年一〇月)の一節を読み上げた。『日本の集団的自衛権の禁止は米国にとって束縛だ。この禁止を取り払えばもっと密接で有効な安保同盟となる』。アーミテージ氏は『私が一番誇らしく思う部分だ』と付け加えた。日本政府は『わが国は集団的自衛権(他国が武力攻撃を受けた場合、被攻撃国を助け、共同して防衛に当たる権利)を保有するが、憲法の制約により行使できない』という解釈をとっている。アーミテージ氏の発言は日本への改憲圧力だったわけだが、その日本で実は活発な改憲論議が進んでいる」(『毎日』04・4・26朝刊)との記事は、改憲を日本側にせまる米安全保障政策の本音を物語るものだ。

自民党の新憲法起草委員会(委員長・森喜朗前首相)は二〇〇五年四月四日、改憲試案の要綱をまとめた。最大の焦点である〈安全保障及び非常事態〉では、「①戦後日本の平和国家として国際的信頼と実績を高く評価し、わが国の平和主義の原則が不変のものであることを盛り込む」

と記しているから、「憲法九条1項」の平和主義条項を踏襲するとみていいが、次の「②自衛のために自衛軍を保持する。自衛軍は国際の平和と安定に寄与することができる」との文言は、「九条2項」（「前項の目的を達するため、陸海空軍の戦力は、これを保持しない。国の交戦権は、これを認めない」）の全面改正を狙った内容。「自衛隊」を「自衛軍」に改め、「国際貢献」を明記した点がポイントである。しかし「集団的自衛権」行使について触れていない点からみて、この難題の明文化は避け、憲法解釈で切り抜ける意図のようだ。

いずれにせよ、安全保障などテーマ別小委員会の論議は一本化できず、歯切れ悪い要綱となった。与謝野馨・政調会長（起草委事務総長）が「諸般の事情で四月中の条文化をしない」と先送りしたのは、自民党内ですら憲法観が四分五裂の状況を収拾できなくなったためだ。それでも、改憲案を「結党五〇年」の目玉にしようと焦っているとは……。「何が何でも自衛隊を『軍隊』と位置づけたい」との魂胆が透けて見える。

一方、衆院憲法調査会の「最終報告書案」が三月二八日明らかになった。五年間の議論を集約したもので、各党間の最終調整を経て決定されるが、両論併記が多い〝苦渋の報告書〟との印象である。焦点の「九条」については「戦争放棄の理念を掲げる九条1項を堅持し、平和主義を維持すべきであるとする意見が多く述べられた」との記述。このあと、「自衛権の行使であっても武力の行使は認められないとする意見もあったが、武力の行使を求める意見が多く述べられた」と記し、あいまいながら2項改正を示唆している。自衛権と自衛隊についてはａｂｃｄ四通りの意見を列記し、「上記のように意見は分かれているが、自衛権及び自衛隊について何らかの憲法上の措置をとることを否定しない意見が多く述べられた」と結んでいる。改憲を志向している自民党委員が明文化をせまる場面もあったようだが、憲法調査会規定第一条「憲法調査会は、日本国憲法について総合的に調査を行うものとする」との規定に照らせば、このような報告書案になるのはやむを得なかったろう。この点、二月二四日の同委員会「全体を通しての締め括り」論議での土井たか子委員（社民）の発言に共感した。「最終報告書では、日本国憲法の役割や評価、あるいは憲法に則した運用がなされていたかどうかについてまとめていくべきであり、改憲ありきとすべきではない。違憲の事実を積み重ねている中で、現実に合わせて憲法を変えようとすることは許されない。国会議員には憲法尊重擁護義務（九九条）があるという自覚が促されている」との指摘には、誰も反論できまい。

衆院憲法調査会は五〇人の委員で構成されているが、自民二六・民主一八・公明四に対し、共産・社民は各一となっている。議事録を検索し一部を読む限りでは、熱っぽい議論が交わされていたことを多とするものの、国政選挙の党派別得票数から見ても極端な委員数の差に驚き、「少数意見の反映は望み薄か」と、心配になってきた。

■「平和の哲学」を保持した国際貢献を

『産経』は「自民党新綱領、作文政治に終わらせるな」（3・31主張）と改憲にハッパをかけ、

『読売』も「政治に『改正』を促す国民意識」（4・8社説）と題し「戦後六〇年、国民意識も政治の動きも時代は新憲法へ大きく前進している」と主張するが、「初めに改憲ありき」の思い込みが恐ろしい。

「近代国家の憲法は、個人の自由と権利を促進するために国家権力をしばるルールとして生まれてきた。これに対して自民党の改憲案は、多数者の側、国家の側から統治しやすいルールを織り込みたいという立場が色濃い。……自衛隊を自衛軍にするという提案には賛成できない」との批判（『朝日』4・5論説）に、確かな視点を感じる。「自衛隊は外見上軍隊そのものだが、九条の三点セットによって『自衛のための必要最小限度の実力組織』にとどめられ、外国の軍隊とは決定的に違う。自衛隊を軍隊と呼ばない理由だが、仮に軍隊になれば『敵を追いつめて、敵本国も全部やっつけてしまう』（政府答弁）ような交戦権の容認につながり、専守防衛の基本方針もくずれかねない」との疑念（『毎日』4・8朝刊）はもっともで、一部改憲勢力による〝日本軍復活〟の意図を警戒し、周辺諸国への影響も配慮せねばならない重大問題である。

二〇〇四年五月の憲法調査会・中央公聴会で、猪口邦子・上智大教授は「九条1項で『国権の発動たる戦争放棄』を掲げたこと、2項で『陸海空軍その他の戦力は保持しない』としたことは、国際社会で特別の評価を獲得している。日本は軍縮、核不拡散、人道支援で工夫ある貢献を行っていくべきだ。具体的実施を実力組織に依存する場合、九条の平和への哲学を保持しつつ実行できることは多い」と公述。船曳建夫・東大教授は「日本はこれまで武力不行使、戦力不保持、交戦権否定と言いながら、自衛隊は持ち、自衛権はあるだろうという苦しい議論をしてきた。この六〇年の積み重ねが財産だ。世界は日本の考えに近づいてきている。日本は九条を論理的に苦しいまま、しかし、明らかに未来を指し示すものとして保持し続ける方が得策だ。戦争放棄の縛りが国益を損なうとは思えない」と語っていた。

「九条」に絞って改憲論議の経過や当面の問題点を考察してきたが、意見集約の道のりは険しい。井上ひさし、梅原猛、大江健三郎、奥平康弘、小田実、加藤周一、澤地久枝、鶴見俊輔、三木睦子の知識人九人の呼びかけで「九条の会」が二〇〇四年夏発足、「九条・映画人の会」など業種別・地域別組織が、市民レベルでの憲法論議を活発に展開していることを付言しておきたい。「国の基本法」を真剣に論じることは国民の権利であり、義務でもある。政治的思惑を秘めた拙速「改憲」を許してはならない。

第4章　「沖縄」の苦しみ――「核」の恐怖

1　基地報道に冷淡な本土紙　2001・1

ブッシュ政権発足後初の日米外相会談が二〇〇一年一月二六日、ワシントンで開かれた。沖縄と北朝鮮問題が中心議題であり、「日米の同盟強化を確認した」と各紙二七日夕刊が伝えている。

河野洋平外相は「沖縄には海兵隊削減の声があり、県民の気持をくむ必要がある」と、パウエル国務長官に伝えたが、沖縄県議会が一週間前の一九日、米兵の不祥事への抗議決議を全会一致で可決し「海兵隊を含む兵力の削減」に言及したことが背景にあったことは明らかだ。

県議会が与野党一致して海兵隊削減を求めたのは初めてで、〝地方からの告発〟として重視すべきニュースだった。ところが、東京で発行する全国紙一月一九日夕刊を見る限り、いずれも冷淡な扱い。『毎日』が一面3段一本見出しのほか、『東京』が対社面4段、『朝日』は同面2段、『日経』と『産経』が二面2段、『読売』が同面1段と、まるで沖縄の地域ニュース的な扱い方は納得できない。沖縄県紙の『沖縄タイムス』、『琉球新報』が一面大トップで扱ったのは地元紙として当然だが、両紙を精読して初めて「超党派での可決」に至る〝県民の怒り〟を思い知ることができた。この抗議決議の端緒は一月九日に発生した海兵隊員による女子高校生わいせつ事件だが、あの忌まわしい女子小学生暴行事件（一九九五年九月）で〝懺悔〟したはずの沖縄米兵の乱行は跡を絶っていないという。〇一年に入ってからも不祥事が続発し、県民の不安と怒りの声が「抗議決議」の形で集約されたと見るべきだろう。

全国紙に、個別の事件報道をすべて求めているわけではないが、政治の潮流が小事件から激変するケースがあることは歴史の教えるところである。従って、全国紙に期待するのは節目の政治・社会状況を探る洞察力だが、その責務を果たしていないように思う。沖縄問題だから大きく扱えと言っているのではない。ただ大手新聞社側に「沖縄基地問題と政治動向」への強い問題意識があれば、一片の地方ニュース扱いで済まされないはずである。

■確かな視線を地方へ

最近、全国紙は「地方分権の尊重」を声高に主張しているように映るが、ニュース選択の尺度はいぜん中央集権的で、しかも永田町政治偏重から脱しきれていないと思う。

「明言すれば、沖縄のみならず『基地の問題』を直視しない限り、日本の将来構想に筋道が通らないのである。私は『反米、反安保、反基地』という、かつての三大噺を蒸し返しているのではない。米国との同盟関係が大切だと信じるからこそ、日米関係に筋道を通し、米軍基地の段階的縮小・撤退を実現すべきであり、基地のない日米協力を構想すべきだ」との寺島実郎氏の提言（『毎日』00・8・13「時代の風」）は示唆に富んでいる。価値判断する記者の確かな目を強く望みたい。

2　米兵の犯罪続発、高まる県民の怒り　2001・7

小泉・ブッシュ日米首脳初会談直前の二〇〇一年六月二九日未明、米軍嘉手納基地をかかえる北谷町（沖縄本島中部）で婦女暴行事件が発生した。日本の国土面積の一％に満たない島に米軍基地の七五％が集中している沖縄、〇一年に入ってからも連続放火事件など米兵の犯罪に対し沖縄県民の怒りは高まり、県議会で「米海兵隊削減」の超党派決議まで出されていた。それなのに政府の対応策も、本土マスコミの追及も鈍く、またも起きた米兵犯罪が沖縄問題に〝赤信号〟を点した。

世界各地で〝人権外交〟を展開する米国だが、こと自国兵の犯罪となると誠に歯切れが悪い。七月二日、日本側の「被疑者米兵の引き渡し要請」に対し、「日本の法制度では被疑者の人権は守れない」と引き渡しを渋った姿勢は、まさに駐留軍的発想の反映ではなかったか。北谷町議会が「米軍が沖縄県民に対し、いつまでも占領意識を持ち続けているためだ」と抗議決議（七月三日）せざるを得ない町民の怒りは当然だろう。「軍隊が存在することによって起こり続けている女性への性暴力事件は、私たちの日常を享受する当たり前の権利を踏みにじっている」という現地女性グループの声明（六月三〇日）もその通りで、米側に非のあることは歴然としていた。今回、問題になったのは日米地位協定一七条5項で、米兵の被疑者が起訴されるまで米側が身柄を拘束すると規定している条文。しかし一九九五年の少女暴行事件が国際問題化した際に、協定は修正しなかったものの「殺人と婦女暴行の凶悪犯罪に限って起訴前の身柄引き渡しに米側が『好意的な考慮を払う』ことで両国は合意した」のである。従って、凶悪事件に対処した日本側の引き渡し要請は当然だった。しかし、米側は「被疑者への米側通訳や米国弁護士の接見」などを求めて譲らず、四日間も空費し、日米間特に沖縄県民に抜きがたい感情のもつれを生じさせたことは残念でならない。被疑者の人権は守らなければならないが、被害者の人権をどう守るか、今回の場合は特に基地の島・沖縄県民の人権を尊重する姿勢こそ最も大事だった。この点について政府の問題意識は甘く、対米折衝が遅れ、沖縄現地と政府の意思疎通も欠けていた。

米側が譲歩した形で米兵が引き渡されたため一件落着のようだが、今回の問題の根は深い。政府はなぜ稲嶺恵一・沖縄県知事を国会に呼んで委員会を開き徹底審議しなかったのか。田中真紀子外相は七月二日外務省を訪れた稲嶺知事に会わず、ベーカー新駐日大使との接触も遅れたという。とんでもない話で、本来なら外相自らが沖縄へ飛び、米国へ談判に乗り込んで毅然たる姿勢を示すべき重大事だったのではなかろうか。

3 「西山事件」から三〇年 2002・7

「沖縄」と言えば、あの忌まわしい「西山事件」から三〇年が経過した。そんな折、六月二七日夜のTBSテレビが「『密約』を裏付ける米政府公文書を入手」とのスクープが放映された。同局ホームページが、内容を的確に紹介しているので主要箇所を引用しておこう。

「一九七二年の沖縄返還にからんで、日米の間に『密約』があったことを明確に裏付けるアメリカ政府の公文書を、JNNが入手しました。この公文書では、日本政府がアメリカ側に『密約』はなかったことにしてほしいと、『口裏合わせ』を求めていたことまで記載されています。今回見つかった公文書は、沖縄返還が実現した直後の一九七二年六月に、当時のキッシンジャー補佐官の訪日のために、アメリカ国家安全保障局が作成した準備文書です。情報公開法によって極秘指定が解除され、現在、国立公文書館に保管されています。この文書によりますと、日本政府が、沖縄返還にともない、本来、アメリカ側が支払うことになっていた土地の補償費用四〇〇万ドルを、日本政府が『肩代わり』する『密約』を交わしたことが明記されています。この『密約』をめぐっては、金額を含めて一切明らかにしないようにしてほしいという日本政府からの要請があり、当面は『口裏』をあわせていくことで合意したこと。しかし、アメリカ側としては、議会と報道機関の追求しだいでは、『密約』を認めざるを得ないと考えていること。また、いわゆる外務省機密漏えい事件で、この『密約』が暴露されたものの、その後、この問題を追及していた毎日新聞記者と女性事務官との関係が発覚すると、日本の野党の『密約』についての追及が止まってしまったこと。これらのことがらが、冷静な分析のもとに記載されています。」

ＴＢＳに先行されたものの、『毎日新聞』は直ちにワシントンで問題の米政府公文書を入手し、六月二八日朝刊一面トップで、「日本が四〇〇万ドル肩代わり／日本、米に口止め」と報じた。三面に掲載された米公文書は「口裏合わせ」に苦悩する米政府の立場を如実に示すもので、「報道機関が本格追及し始めたら、補償問題の密約の存在を否定し続けるという日本の姿勢と同じ立場を取ることはできなくなるかもしれない。しかし、密約を認めることを回避するために最善を尽くす」という記述は〝苦しい胸の内〟をリアルに物語っている。

この報道に対して日本政府はいぜん「密約は存在せず」の姿勢を崩していないが、この特ダネが致命的な一石を投じた意義はきわめて大きい。共同通信もワシントン特派員電で配信しており、『東京』が二八日朝刊一面に3段見出しで報じていたが、その他の大手四紙が全く取り上げなかったことは不可解だ。日ごろ「読者の知る権利に応える」との旗を掲げている報道機関としての価値判断に疑念を持たざるを得ないのである。「密約」の存在については他の米公文書でも暴かれてきており、学者の研究によっても日本政府側に不利な材料が多くなってきたが、新たな「米公文書発掘」は〝ダメ押し〟的な意義を持つと考える。「新聞ジャーナリズムは、歴史の証言者としての一翼を担う」との観点からみて、この情報を無視した一部新聞社の判断は明らかに間違っている。

「政府は一度ウソをついた以上、今さら取り消せないのだろう。しかし、すでに三〇年経た。日本政府は、密約を『歴史の事実』という観点でとらえて、公表すべきではないか。歴史は真実が記録されてこそ価値があり、次代に生かされる。ウソで塗り固められたものは、歴史たりえない」(『毎日』6・29社説)――「沖縄」をめぐる問題は、粘り強く追求すべき大きなテーマである。

4 沖縄県紙と本土紙の大きな落差 2003・7

「沖縄戦とその後の米軍占領統治から県民は多くのことを学び、獲得した。戦争指導者が掲げる大義の偽善性を知ったことも私たちが学んだ一つである。最も大切なことは、一人ひとりの命であることも学んだ。私たちには、屈辱的な異民族支配であっても、非暴力と民主的な手法で『主権回復』してきた自信と誇りがある。沖縄戦を過去の歴史のひとコマにしておくべきではない。沖縄戦、米軍統治、復帰、現在――点を線にし、将来の平和創造につなげていかなければならない。たしかにいまは平和主義の旗色が悪いが、非暴力、反戦平和を訴える愚直さが大切だ。」

「沖縄慰霊の日」の二〇〇三年六月二三日、『琉球新報』朝刊が掲げた社説の一節である。

沖縄各地の戦没者慰霊祭を報じた六月二三日夕刊、本土と沖縄の新聞（『琉球新報』と『沖縄タイムス』）との意識のズレは明らかだった。地元紙が朝夕刊とも一面トップで報じたのは当然だが、本土紙との大きな落差に驚かされた。沖縄二紙が「有事法制化の『慰霊祭』」「有事偏重の時代を危ぐ」との問題意識で捕らえたのに対し、本土紙は総じて年中行事的扱いだった。在京六紙のうち『朝日』と『毎日』は一面二番手・写真付きで扱ったものの、鋭い視点が感じられない。『読売』『日経』『東京』は一面2～3段のお知らせ記事の域を出ず、首都圏で夕刊を発行していない『産経』は、翌二四日朝刊第二社会面に2段相当の扱いである。

当日夕刊時点でのホットニュースを検証すると、各紙とも「沖縄」を上回るようなテーマは見当たらない。不思議に思って西部本社発行の『朝日』『毎日』『読売』を調べたところ、三紙とも「沖縄」を一面トップに扱っていた。九州でも印刷している三紙は一面・社会面の自主制作が原則になっており、西部本社独自の価値判断に基づく紙面。さらに、九州印刷の新聞を沖縄現地に配布しているため、「慰霊の日」優先の配慮があったに違いない。「全国紙」として東西とも一面トップに掲げた方がベターと考えるが、いかがであろうか。

小泉首相は、延長国会の審議を理由に「沖縄戦没者追悼式」を欠席したが、〝トンボ返り〟の日程でも出席できたはずだ。「沖縄軽視」の姿勢を垣間見た思いで、衆院予算委員会の集中審議をNHKテレビ中継で半日眺めた。「財政の三位一体論」が中心テーマだったが、ノラリクラリの首相答弁。首相に真の問題意識があれば、追悼式に出たあと、夜までずれ込む国会審議の選択も可能ではなかったか。ところが、どの新聞も、この点を指摘しないのは何故だろうか。

一方、追悼式で細田博之・沖縄担当相が代読した「首相あいさつ」の格調のなさに比べ、稲嶺恵一・沖縄県知事の切々たる「平和宣言」は胸に響くものがあった。稲嶺知事は基地の整理・縮小、日米地位協定見直しを迫って、「沖縄が恒久平和の発信拠点として、県民の英知を結集して前進していく」との決意を示して宣言を結んだ。

■在京紙は「沖縄戦」を忘れたか

在京六紙のうち、両文書（要旨）を掲載したのは『毎日』『東京』二紙だけだったのも不可解である。筆者の思い入れから、「反戦平和をあおれ」などと主張しているわけではない。要は、「慰霊の日」をどうとらえ、報道するかの問題意識・価値判断にかかるのである。その観点から、在京六紙の社説（主張）に注目したが、「慰霊の日」当日の朝刊には社説がいっさいなく、翌二四日朝刊に社説を掲げたのは、『東京』『産経』の二紙だけ。六社の一面コラムにもいっさい取り上げられず、「忘れられた沖縄」に胸が痛んだ。

『沖縄タイムス』は二三日社説で、「仮想敵国を想定し、その脅威を誇張することで国民をあおり、あやまちをくり返してはならない――。仲宗根政善（ひめゆり学徒の引率教師・故人）は八〇年代にそう語った」と前置きし、「戦争が容認へと傾く。次に肯定、さらに賛美ですよ。絶対に引きずられてはいけない。引きずられる側にも責任がある」という悲痛な警告を紹介していた。「イラク特措法」が強行可決され、本格的な自衛隊海外派遣の現実と重ね合わせれば、敗戦後五八年の日本の重大な転換点と認識しなければならないと思う。

その点で、在京六紙が「沖縄慰霊の日」の今日的意味を明確に論じなかったのははなはだ遺憾である。当日各紙が取り上げた社説に緊急性があったかどうか疑問のうえ、論説室のテーマ選定に当たって「沖縄」がほとんど話題にならなかったとすればさびしい限りだ。安保・防衛問題についての論調が各紙分かれることは当然だろうが、論じてほしい〝重大な節目〟の日に社論を示すことは報道機関の責務と考えるのである。

社説を掲げた在京二紙のうち『東京新聞』は「沖縄の犠牲いつまで」のタイトルで、日米地位協定改定の推進を訴えた。論旨に異論ないものの、沖縄戦の悲劇を踏まえて国際環境の危機状況をもっと論じてほしかった。

『産経』は、「沖縄戦集団自決　教科書記述の誤りを正せ」と題する主張（社説）を掲げた。「県民の集団自決が起きたことは事実だが、日本軍がそれを強制した事実はなかった」と断じて、歴史教科書の修正を迫ったものだ。集団自決は、住民を巻き込んだ戦闘の最も悲惨な事実で、異論を差し挟む余地はない。「軍の命令の真偽」について論争は続いているようだが、地下壕に身を潜めた多くの住民が〝集団自決〟を選択せざるを得なかった事実を冷厳に見詰め、「軍隊が住民を守らなかった」悲劇の視点から論じることこそ本筋であろう。「慰霊の日」の紙面扱いを他紙より冷遇した『産経』が、教科書論争の一環として敢えて社説に取り上げたことに、筋違いな印象を持つのである。

「『敵も味方もない』すべてが戦争の犠牲者であり、死を悼み、平和を祈る。沖縄の戦後の出発点は、住民、日米英の兵士、そして朝鮮、台湾の人々の名を刻む『平和の礎《いしじ》』の思想と結びつく」（『沖縄タイムス』6・23）。この礎《いしじ》に新たに一六四人が追加され、刻銘された犠牲者は二三万八四二九人になった。一〇万人近くが住民であり、敵兵一万二〇〇〇余の名前まで刻み恩讐を越えて「平和を祈る心」は崇高である。

5　普天間基地近く、ヘリ墜落惨事　2004・9

「癒しの島」「長寿の島」ともてはやされる沖縄。しかし、その〝楽園〟は「基地の島」の不安に覆われている。駐留米兵の事故・犯罪に苦汁をなめ続けているが、二〇〇四年八月一三日にまた大型ヘリコプター墜落惨事が起きた。日米軍事同盟・地位協定の在り方が厳しく問われる重大事なのに、小泉政権の冷淡な対応にあきれ果てた。本土の新聞各紙の取り上げ方にも、問題意識の欠如を感じた。折から、アテネ五輪・高校野球の狂騒も影響したとはいえ、「〝沖縄の痛み〟に冷やかなヤマトンチュウ（本土の人）」との、沖縄県民の非難が耳に痛い。

■米兵が大挙出動、日本側の検証を拒否

米軍CH53D型大型輸送ヘリは八月一三日午後二時一七分、宜野湾市・我如古公民館上空で米軍に救難連絡を発信。制御不能に陥った機体はくるくる回りながら沖縄国際大学一号館に接触し構内に墜落炎上した。このヘリはベトナム戦争後の一九六九〜七二年にかけて製造された旧型機で、四〇人もの兵員輸送が可能。全長は約二二メートルあり、〝空飛ぶコンボイ〟(トラック集団)と称される代物だ。沖縄県紙(『琉球新報』『沖縄タイムス』)の事故発生情報によると、ヘリが墜落炎上したのは午後二時一八分。同二〇分すぎには普天間基地の米兵約一〇〇人が駆けつけ、現場周辺を完全封鎖して日本人の立ち入りを禁じてしまった。

沖縄県の二紙が即座に反応して、一三日夕刊最終版の追いかけ版をとって一面トップに一報を叩き込んだ判断は立派だ。在京六紙など本土紙の扱いが一四日朝刊になったのは仕方ないが、普天間基地に悩む宜野湾市でのヘリ墜落には特段のニュース価値がある。一面トップ・二段凸版で重大性をアピールした県紙朝刊の姿勢を評価したい。それに比べて在京六紙はどうだったか。比較検討してみて、基地問題への認識、価値判断のズレの大きさに驚かされた。ちょうどアテネ五輪開会式が一四日未明(日本時間)で、「ヘリ墜落」と同時掲載になってしまったが、さらにこの日には「渡邉恒雄巨人軍オーナー辞任」が飛び込んできた。新聞研究のケーススタディーには格好の材料なので、六紙の紙面構成を点検してみよう。

▼『朝日』――一面トップ＝渡邉オーナー辞任▽二番手＝五輪開会式（一面の半分を占める記事量）▽中央四段扱い＝沖縄米軍ヘリ墜落。

▼『毎日』――一面トップ＝渡邉オーナー辞任▽二番手（中央4段）＝ヘリ墜落▽左肩4段＝五輪開会式。

▼『東京』――一面トップ＝五輪開会式▽二番手＝渡邉オーナー辞任▽中央4段＝ヘリ墜落。

▼『読売』――一面トップ＝法制審発表の人名漢字▽二番手＝五輪開会式▽三番手＝渡邉オーナー辞任▽ヘリ墜落は社会面4段。

▼『産経』――一面トップ＝渡邉オーナー辞任▽二番手＝五輪開会式▽ヘリ墜落は社会面4段。

▼『日経』――一面トップ＝トヨタ、ロシアに工場▽中央4段＝渡邉オーナー辞任▽ヘリ墜落は社会面3段。

沖縄県紙は八月一四日から月末まで連日「基地問題を究明する」キャンペーン紙面をつくり、米軍の強圧的姿勢と普天間基地の危険性を執拗に指摘した。事故後半月あまりの両県紙を読んで、基地に泣かされている沖縄県民の現実を痛切に感じさせられた。墜落地点は基地内でなく、住宅密集地の一角。しかし大学構内だったため、奇跡的に負傷者は搭乗米兵三人のみで、校舎と

３万人が参加した米軍ヘリ墜落事故に抗議する宜野湾市民大会。2004 年９月 12 日、沖縄国際大学にて（提供＝毎日新聞）

周辺民家の一部が飛び散った部品で損壊しただけだった。住民に犠牲者が出なかったのは幸いだったが、これによって事故の重大性が軽減されるものではない。墜落地点が米軍施設外なのに、米軍は日本側の警察権行使を認めず、四日間も周辺道路を封鎖して残骸をすべて持ち去ってしまった。証拠隠滅、まるで〝占領軍〟の治外法権的暴挙であり、厳重抗議の論調を掲げるのは新聞の責務だろう。それにしても、墜落するやいなや一〇〇人もの米兵を現場に急行させ、大学当局の同意も取らず現場に侵入し、樹木まで伐採する強引さに驚く。「地位協定に基づいて米国の財産権を守るため」との理屈をつけているが、日米合同検証の要請を無視した、問答無用の傲慢さは許せない。

沖縄県二紙が一四日直ちに社説で抗議したのは当然で、「事故も異常だが、事故後の光景も基地沖縄の異常な状況を見せつけた。事故現場を米兵が囲み、警察さえ近づけない状況となった。……今回の事故は海上や基地内とは違い民間地、しかも住宅地だ。一つ間違えれば多数の県民を巻きこむ大惨事の可能性は十分あった。その事故を警察が調査できないばかりか、現場に近づけない状況はきわめて異常と言わざるを得ない」と屈辱的状況を指摘した『琉球新報』一四日社説の論旨を、心ある新聞人なら共有しているはずだ。

県紙がくり返し基地問題を論じているのに比べ、本土紙に鋭い論説が少ないばかりでなく、〝他人ごと〟のような筆致の新聞があることが嘆かわしい。在京六紙の中で『朝日』一七日社説は「普天間を早く動かせ」と論じ、『毎日』一八日社説が「日米合同検証なぜできぬ」と、日本政府の弱腰を指摘している。他の四紙の社説掲載が、二五〜二六日と遅すぎただけでなく、力強い視点・提言も見られなかった。

■〝夏休み〟で知らんぷりの小泉首相

国家主権侵害ともいえる駐留米軍の暴挙に対し、政府の対応は生ぬるく、お粗末の限りだ。外相・防衛庁長官・沖縄担当相の誰かが現地に急行して、米軍の身勝手な行動を制止すべきだったのに、毅然たる姿勢を示さなかった政治責任は大きい。「墜落原因解明まで同型ヘリの飛行見合わせ」要請も無視して米軍は訓練飛行を再開させ、規定方針通りイラク戦線向けの六機派遣を強行してしまった。沖縄の米軍基地がイラク戦争に直結している恐ろしさ。安保条約に基づく〝日本防衛のため〟ではなく、米国の世界戦略の枠組みに組み込まれた基地になり果てたことが明らかではないか。

この間小泉首相は夏休み中で、ヘリ墜落時の一三日は映画「ディープブルー」を観劇中だったとか。墜落惨事についてはいっさい語らず、都内のホテルでアテネ五輪をテレビ観戦し、歌舞伎座見物などに出歩いていた首相だが、急ぎ上京した稲嶺恵一沖縄県知事・伊波洋一宜野湾市長との会談は、夏休みを理由に断ってしまった。それなのに、金メダルの谷亮子選手に国際電話までかけてハシャグとは何事か。ブッシュ米大統領に緊急電話して、墜落事故の善処を要請することこそ首相の責務だ。首相が稲嶺知事と会談したのは、夏休み明けの二五日、事故から一二日も経っていた。しかも首相は「沖縄県民の憤りは当然だな。今後関係省庁と相談して良い方策を出したい」と、素っ気ない返答だったという。知事の沖縄視察要請に応じなかった首相が、唐突に北方領土視察へ出掛けたパフォーマンスにも首をひねる。ともかく、この夏休み中には、イラク・ファルージャでの戦闘が続き、サマワ自衛隊宿営地近くでは迫撃砲段騒ぎもあるなど内外に緊張が高まっていた。一国の総理に半月もの気ままな〝政治空白〟が許されるだろうか。沖縄のヘリ墜落事故を〝黙殺〟してレジャー三昧の首相には、国家の危機管理を任せられない。

■「普天間返還」の手立てをつくせ

今回の墜落事故を契機に、「代替施設建設を条件に五～七年内に普天間基地を返還する」というＳＡＣＯ合意（一九九六年）見直し論が急激に高まってきた。合意から八年も経っているのに、代替地・辺野古沖（名護市）建設の目途はいまだに立っていない。「今回の事故で、現場の検証や事故機と同機種のヘリ飛行再開での日本政府の弱腰が目につく。だが、これまでの『辺野古』中心の交渉では普天間問題の答えにならないとの認識は各方面で共有化されてきている。ヘリ基地の運用禁止と返還を求める市民の切実な声が広がる中、政治の取り組みが改めて問われる」との伊波宜野湾市長の訴え（『朝日』8・27朝刊「私の視点」）には同感だ。普天間基地早期返還に踏み切らないと、大事故の再来が心配になってくる。

○三年一一月、普天間基地周辺を空から視察したラムズフェルド米国防長官は「事故の起きない方が不思議だ」と語ったという。当初の返還期限がすでにすぎてしまったのに、別途の打開策を講じようとしない政府の怠慢はひどい。沖縄二紙と『朝日』『毎日』社説が「普天間返還にあらゆる手立てをつくせ」と主張している姿勢を支持したい。沖縄に基地を押しつけ、解決を先延ばししている政治責任と国民大多数の無関心の罪は大きい。

6　「沖縄」を語り継ぐ努力こそ　2005・7

かつて本土防衛の〝捨て石〟だった沖縄は今、日米軍事同盟の〝要《かなめ》〟と位置づけられ、戦後半世紀以上経っても戦争の悪夢がつきまとっている。牛島満・第三二軍司令官の自決によって、沖縄戦敗北が決まった六月二三日からちょうど六〇年、糸満市摩文仁で催された「沖縄慰霊の日」式典に特別の感慨を覚えた。「基地の島」と「癒しの島」が果たして共存できるのか……。今なお犠牲を強いられている沖縄の現実は厳しく重い。

新聞各紙が「6・23の悲劇」をどう検証し直し、問題提起したか、全国紙と地方紙の一部を読んで感じた問題点を指摘したい。

■本土紙と沖縄県紙の落差

「沖縄戦」は一九四五年（昭和二〇年）三月二六日の慶良間諸島への米軍上陸から始まって、四月一日沖縄本島中部上陸で住民を巻きこんだ死闘が九〇日間続いた。死者は日本側一八万八〇〇〇人以上、米側一万二五二〇人。日本側の半数約九万四〇〇〇人が住民と推計されているが、未だに正確な数字はつかめておらず、住民犠牲は一二万人を超すとの説もある。いずれにせよ日本初の地上戦の惨禍はすさまじく、日本国民の心に永久に刻み込まれねばならない歴史的悲劇だった。

六月二三日の「慰霊の日」は、広島・長崎原爆の日、八月一五日・敗戦の日と同様、国民あげての「鎮魂の日」と位置づけてほしかったが、本土紙の扱いは概して冷たく、沖縄県紙だけが大報道するという図式がいぜん変わらないばかりか、風化が進んでいる現状を痛切に感じた。

「慰霊の日」開催の二三日夕刊、全国紙で的確な紙面構成（一面トップ、関連記事社会面）と思われるのは、『朝日』『毎日』『東京』の三紙。『読売』と『日経』が〝年中行事〟的扱いで済ませたのは解せない。夕刊のない『産経』（東京管内）が翌日朝刊掲載になったのはやむを得ないが、第三社会面での冷やかな扱い方に、同社の姿勢が読み取れる。

「社説」はどうだったか。「沖縄戦六〇年　この地獄を忘れまい」との社説を掲げたのは『朝日』（6・23朝刊）。『日経』も同日「沖縄戦の教訓をどう生かすか」を掲載した。現在の厳しい軍事環境も織り込んで「沖縄の悲痛」をもっと訴えてほしかったと感じたものの、社説に取り上げた点を評価したい。『毎日』『読売』『東京』三紙の〝社説ナシ〟は信じがたいが、「慰霊の中心はやはり靖国」と題する『産経』の主張（社説）（6・24朝刊）には驚愕させられた。「沖縄県民の戦いを忘れてはならない」と述べているものの、論調の主題が「靖国」にすりかえられている。「靖国神社には、沖縄や硫黄島、サイパン島などの戦死者を含む二四六万六〇〇〇余柱の霊がまつられている。首相の靖国参拝が定着すれば、天皇ご親拝の環境も整うと思われる。天皇と首相が国民を代表し、恒例行事として靖国神社に参拝していた日本の原風景を一日も早く取り戻したい」との主張の独断と偏見。無惨な死を遂げた沖縄住民の大多数が靖国に祀られていない事実すら無視しようとするのだろうか、恐るべき時代錯誤である。

摩文仁の平和記念公園の「平和の礎《いしじ》」には、内外の犠牲者七二〇人が追加刻印され、総数二三万九八〇一人になった。「沖縄から平和を発信する」気概を感じられない小泉純一郎首相の式典挨拶とは対照的に、小学六年・上原凜君の「平和な今」と題する詩の朗読が参列者の魂を揺さぶったに違いない。

ぼくは戦争を知らない／戦争は人の命をうばい／すべてのものをうばうという／そんな戦争が今でもどこかで続いている／どうして？
ぼくは戦争はいやだ／友達といっしょに笑い／家族と共に食事をする／そんなふつうなことが／いつまでも続いてほしい
ぼくは戦争はいやだ／げっとうの花が咲き／青い海で元気に泳ぐ／そんなことがずっと続いてほしい
ぼくは戦争を知らない／でも　ぼくは戦争はいやだ／今ぼくにできること／毎日を大切に生きること／人の痛みを感じること／平和な今に感謝すること

この慰霊式が行われていた時も、イラクでは殺戮がくり返され、沖縄から移駐した米海兵隊やヘリコプターが加担している現実を踏まえ、「6・23が問い掛ける意味」を、的確に伝えるのが新聞の責務である。『琉球新報』『沖縄タイムス』が本土紙より熱っぽく報じるのは当然と言えようが、本土紙との落差が著しいことに暗然とさせられた。沖縄県紙並みに大展開せよと言うのではなく、グローバルな視点で「6・23」をとらえる努力が本土紙に欠如していたことが情けなかった。

その本土全国紙間でも、東京本社発行と西部本社発行の紙面に落差があるのだ。『朝日』『毎日』両紙にはさほど違和感がなかったものの、『読売』西部版は一面トップに「慰霊の日」を報じていた。沖縄の読者向けにしても、『読売』東京版の価値判断より正しいと思う。前段で紹介した小学生の詩を、『毎日』西部版が社会面トップにした判断を評価したい。『朝日』西部版の扱いにも、東京版では見られない視点を感じた。

一方、沖縄県の二紙が当日朝夕刊とも論説・寄稿を含めて大展開した努力を多とするものの、小学生の詩を何故きちんと掲載しなかったか、腑に落ちない。両紙とも二日間にわたり〝風化〟を心配する社説を掲げ、「戦争世代の高齢化と語り継ぐ努力」をしきりに訴えていただけに、社会面格好の材料だったと惜しまれる。詩を朗読した上原少年の祖母は、米軍に撃沈された学童疎開船「対馬丸」の同行船に乗っていて九死に一生を得た方で、母親からその話を聞いたことが契機となって沖縄戦の証言集を読み、イラク戦争などに関心を持つようになったという。これこそ〝戦争を知らない世代〟に語り継ぎ、沖縄戦を風化させない「お手本」である。

■『琉球新報』が画期的な「沖縄戦新聞」発刊

戦後六〇年の二〇〇五年、各紙それぞれに企画を掲載しているが、その出来栄えに感動した新聞は、地方紙で『琉球新報』、全国紙では『毎日新聞』だ。特に『琉球新報』の「沖縄戦新聞」発刊は、素晴らしい。戦前・戦中の新聞の反省に立って、「記者が六〇年前にさかのぼり、当時の報道を検証しながら貴重な証言、新たな事実を加味して再構成し、言論統制で当時伝えられなかった沖縄戦の全体像を現代の視点で報道する」ことを狙いとし、〇四年七月七日「サイパン陥落」を第一号で制作、以後「対馬丸沈没」（04・8・22）、「米軍慶良間上陸」（05・3・26）など、節目の日と同じ日付で特集面を作ってきた。六月二三日の「米軍、占領を宣言／牛島司令官ら自決」が第一一号で、「一九四五年六月二三日（土）」の日付で制作された八ページ紙面（広告はいっさいなく、本紙中面に一連印刷）には圧倒された。海外も含め補強取材で当時を再現した記述とともに、米国公文書館提供の臨場感あふれる写真が、この特集の迫力を一層際立たせている。琉球新報全社をあげての壮大な企画と意表を衝く紙面づくりを高く評価し、第一二号以降の「沖縄戦新聞」への期待が膨らむ。

次に光った沖縄戦企画は、『毎日新聞』四月一日夕刊からスタートした「戦後六〇年の原点『沖縄』一九四五年」である。沖縄本島への米軍上陸から、六月二三日の敗北まで、日めくりで当時の状況を再現し、別のエピソードも交えた筆致は巧みである。それも五〇行前後のコンパクトな記事で、親しみやすい〝好読み物〟となった。重厚な『琉球新報』企画とは対照的な社会面企画で、これまた特筆すべき「戦後六〇年企画」だった。両新聞社が「沖縄への思い」を燃やして、証言収集や資料発掘に当たった努力に敬意を表したい。

最後に、牛島司令官が自決した一九四五年六月二二日（沖縄戦事実上の終結は二三日）は、昭和天皇が最高戦争指導会議のメンバーを宮中に呼び「戦争終結のため外交交渉を開始せよ」との要望を伝えた日だったことを想起しておかなければならない。九〇日間の沖縄の死闘が、けっきょくは本土決戦の引き延ばし策だったからだ。玉砕覚悟で沖縄戦を指導した政治責任だけでなく、敗北後も「国体護持」の〝小田原評定〟約二カ月の右往左往が、原爆の悲劇を招いた罪は万死に価する。毎年四月から八月までを「近現代史を見詰め直す月間」と決め、多面的な新聞報道をめざしてもらいたいと切に思う。これ以上の〝風化〟を防ぐために……。

7　ヒロシマの役割、いちだんと重く　2003・8

二〇〇三年夏、「終末時計」の針を遅れさせなければならないとの思いから、五八回目の「原爆の日」に関する新聞報道を追跡した。在京六紙と中国新聞に絞らざるを得なかったが、温度差や視点の違いがにじみ出ていた。

■光った中国新聞の報道姿勢

「限定的な核使用の危ぐが現実味をもって語られる今、ヒロシマの果たすべき役割は格段に重い。危険な兆候は随処に見られる。昨年三月、ブッシュ政権はイラクや北朝鮮への核兵器使用計画策定を命じたとの報道があった。小型核兵器『強力地中貫通型核』の研究に着手し、包括的核実験禁止条約（ＣＴＢＴ）を批准しないまま地下核実験の再開もうかがう。使える核兵器の流れだ。単独行動の強いブッシュ政権は核拡散防止条約（ＮＰＴ）体制への関心が薄い。力による『核拡散』に傾斜しつつあり、北朝鮮の核問題でも軍事攻撃の可能性を否定できない。北朝鮮は核保有の愚と危険性を悟るべきだ」――『中国新聞』は八月六日社説「ヒロシマの役割、一段と重く」で核危機の現状を明快に分析した。このあと、イラク戦争での劣化ウラン弾の残虐性にも触れ、「テロ対策は今後の国際社会で主要なテーマであろう。テロ集団の核兵器による威嚇、使用もあり得ないことではない。だからこそ核軍縮、核兵器廃絶への不断の提唱が重要になる。ヒロシマ、ナガサキは被爆の実相を世界に広げなければならない。そして高まる危機に目に見える行動が重要だ」と熱っぽく説いている。

反核キャンペーンを続けてきた中国新聞の格調高い社説に感じ入ったが、在京六紙の論調はどうだったろうか。

▼『朝日』（８・６）「危機の時代こそ原点へ」――広島、長崎に続いて核兵器が三たび使われる時代になるかもしれない。その恐れが被爆から五八年の夏を重苦しくしている。米戦略の延長上に、小型核兵器の構想がある。小型核を使い、地中深く隠された兵器やテロ支援国家の司令部を破壊しようというのだ。……危機の時代だからこそ、残りの人生で自らの体験を語っておきたい、という被害者も少なくない。原爆の被害があまりにもすさまじく、こんな思いはほかのだれ

にもさせてはならないと考えるようになったのだ。そうした被爆者の体験に立ち返る。そこから核廃絶へ向けて再び歩みを始めたい。

▼『毎日』（8・5）「核を持たない決意新たに」――被爆六〇周年の二〇〇五年に核拡散防止条約再検討会議が開かれる。それに向けて広島市は、各国政府が「核兵器禁止条約」締結交渉を始めるように、平和市長会議の加盟都市に呼びかける。日本は「力の支配」ではなく、平和憲法の精神を訴えていくべきだ。被爆国としての悲惨な体験を具体的な外交に生かし、日本が核廃絶に向けて主導権をとる努力をしていかなければならない。

▼『読売』（8・7）「『北』の核放棄を反核の軸に」――広島市の秋葉忠利市長の北朝鮮への「抗議」の姿勢は何とも中途半端なトーンだった。その一方で、イラク戦争で軍事行動を展開するアメリカへの批判はきわめて厳しいトーンだった。……日本を北朝鮮の「核恫喝」に屈して言いなりになる国にしてはならない。ヒロシマ、ナガサキの当面の祈りは、北朝鮮の核阻止に向けられるべきだろう。

▼『産経』（8・5）「北の核に強い抗議の声を」――広島市などからは、北朝鮮の核開発に対する明確な非難のメッセージがほとんど伝わってこない。今は、米批判を強めている時期ではないだろう。日本の反核平和運動家も、冷戦時代のイデオロギーから脱却し、「北の核」という現実の脅威をもっと直視すべきだろう。

▼『東京』（8・6）「核はなお最大の恐怖だ」――大量破壊兵器の廃絶は時間がかかるが、国際

社会は廃絶要求を緩めてはならない。その先頭に立つことが日本の責任だ。核兵器に関して、自国の安全保障のための「抑止力」、あるいは国際社会での「大国の地位」確保などさまざまな主張がなされてきた。問題は各国指導者が核兵器の恐ろしさをどの程度わきまえているかだ。

▼『日経』（８・６）「核不拡散の意志こそ日本の責任」――かつて南アフリカは自発的に核兵器を廃棄した。どの国も核保有の動機は、自国の安全保障であり、他の手段で安全が確保されれば、インド、パキスタン、北朝鮮、イスラエルにも南アと同様の決断を促せる。核を一つずつ減らす努力が重要であり、それには感情だけでなく説得力のある論理が要る。北朝鮮への対応で明らかなように強い意志も必要になる。

イラク戦争の大義や北朝鮮の核疑惑をめぐって国際世論が沸騰した時代背景を考えると、今年の「原爆の日」は例年より重大な意味を持つ。各社説の一部を紹介しただけでも、新聞社の姿勢の差が読み取れる。強い問題意識を持って国際情勢を分析し、核廃絶への行動を正面から論じたのは、被爆地の『中国新聞』だった。他の論調には残念ながら、踏み込んだ提言や斬新な意見が見当たらなかった。特に『読売』と『産経』は、当面の北朝鮮核に傾斜しすぎではないか。ともに、秋葉市長の「平和宣言」を一方的に非難しているが、納得できない。北朝鮮の核疑惑にもっと厳しい姿勢を打ち出すべきだったとしても、トータルな「宣言」としては力強く、ヒロシマの平和理念を訴えた文書と言えよう。

■「首相のヒロシマ『風化』」に慨嘆

八月六日午前八時、広島・平和記念公園で開かれた「平和祈念式」、秋葉市長の「『力の支配』は闇、『法の支配』が光です。『報復』という闇に対して、『他の誰にもこんな思いをさせてはならない』という、被爆者たちの決意から生まれた『和解』の精神は、人類の行く手を明るく照らす光です」との平和宣言の一節が心に響く。

小泉首相は、「核軍縮・核不拡散の取り組みを推し進め、核兵器の廃絶に全力で取り組んでまいります」と述べたものの、核廃絶を世界に訴える迫真力がなかった。本来なら、日本政府が独自の「アピール」を発信しても不思議でない国際状況だったと、無念に思うのである。首相は式典終了後、「被爆者代表から要望を聞く会」にも出席せず、新幹線で大阪へ行ってしまった。わずかな時間でも被爆者の訴えをなぜ聞こうとしないのか不審に思ったが、在京六紙はほとんど触れずじまい。中国新聞は七日社説で「あまりに素っ気ない」との社説を掲げ、三面トップに「首相のヒロシマ『風化』」と題する記事を載せていた。短絡的な〝首相攻撃〟ではなく、多くの市民感情を代弁する真っ当な指摘である。筆者も同感するところが多く、六日前後の「首相の行動日程」を追ってみた。

▼六日＝前夜広島入りした首相は、八時からの平和祈念式に出席。一一時前ＪＲ新大阪駅着。市内の中小企業などを訪問、一四時ごろ司馬遼太郎記念館見学。一七時すぎタウンミーティング。

夜「吉兆高麗橋本店」で会食。
▼七日＝八時半前、西宮市・甲子園球場到着。九時二〇分ごろ高校野球始球式。一四時半ごろ東京駅帰着。

六日夕方のタウンミーティングはともかく、午前中に大阪入りしなければならない公務があったとは考えにくい。「『逃げるように広島を去った』と言われても仕方があるまい。『唯一の被爆国』日本の役割も大きくなっていることの自覚が首相に求められる」との中国新聞の指摘はもっともだ。七日は自民党総裁選〝遊説第一声〟だったと伝えられており、高校野球始球式のパフォーマンスまで見せつけられれば、〝劇場型〟小泉政治の姿は見え見えではないか。

この点を全国紙が追及しないのは不思議である。始球式で首相が感動しても構わないが、老齢被爆者の声を聞き、弱者へのいたわりの目を注ぐ時間を割かなかった政治感覚に、心ある国民は慨嘆したに違いない。

九日の長崎・祈念式典で伊藤一長市長も平和宣言で「被爆国の政府として、核兵器廃絶に向け先頭に立つべきだ」と力説した。政府も新聞も、決意新たに難局に立ち向かわなければならない。

第5章　「新聞力」の復権、「教育」の再生を

1 「旧石器発掘ねつ造」スクープの衝撃

2001・1／01・2／01・11／02・6／04・2

世紀のスクープ――二〇世紀最後に衝撃的ニュースが全国を駆け巡った。『毎日新聞』二〇〇〇年一一月五日朝刊「旧石器発掘ねつ造」の特報である。

「〝神の手〟と称されている旧石器発掘の調査員の行動が怪しい」との情報を得たことが端緒になったが、スクープ記事紙面化に至るまでの約三カ月は、「新聞の原点ここにあり」との見本を示してくれた。新聞の姿勢が厳しく問われる時代だけに、このクリーンヒットの価値は大きく、「二一世紀の新聞」への大きなジャンプ台になったことを、新聞界全体として喜びたい。

■『毎日』北海道報道部の隠密取材が奏功

二〇〇〇年八月二五日、毎日新聞北海道支社（札幌）報道部長宛てに一通のEメールが舞い込んだ。発信人は、辺境の同社根室通信部長。「このところ全国で旧石器時代の年代がどんどん遡る発見が相次いでいますが、どうもこれは眉つばとの情報があります。……ゴッド・ハンドといわれる東北旧石器文化研究所副理事長の藤村新一氏が八月二九日から始まる新十津川町・総進不動坂遺跡調査に参加します。……」

Eメールを見た途端、ベテラン報道部長の脳裏にビビッとひらめきが走ったという。直ちにデスク会を開き、五人から成る取材チームが編成された。「藤村氏」にちなみ「F作戦」と名づけ、下調べのうえ九月一日から総進不動坂遺跡調査の張り込みを開始した。早朝に単独行動する藤村氏を、木立ちに隠れた記者四人が目撃。しかし、決定的証拠が得られないまま本州での発掘へと舞台は移った。そこで「さらに彼の行動を追おう」と、隠密取材班は本州に飛んだ。

九月三〇日から埼玉県秩父市の小鹿坂遺跡、一〇月一七日から宮城県築館町・上高森遺跡調査が行なわれ、藤村氏が相次いで〝旧石器〟を見つけたと公表された。しかし、彼の奇怪な行動の一部始終を、取材班のビデオカメラが捕らえていたのである。上高森遺跡周辺の張り込みは、発掘初日の一〇月二〇日から二七日早朝まで八日間。動かぬ証拠を握ったものの「紙面化するためには本人に直接取材する必要がある」と、取材を申し入れた。その結果、取材班は一一月四日札幌から仙台に飛び、同夕藤村氏から直接「石器は自分が埋めた」との衝撃的告白を引き出すことができた。(『毎日新聞』単独会見の模様は、一一月五日付朝

スクープ！『毎日新聞』(2000.11.5)

刊に掲載）

▼「現場へ飛べ！」――新聞報道の原点

「現場へ飛べ！」が、取材の鉄則である。情報にスピーディーに反応し、現場に飛んで徹夜の張り込み体制を続けた行動が、スクープをもたらした。あらゆる取材活動において、この姿勢こそ報道の原点であることを如実に示している。遺跡のある休耕田近くの木立ちに身を潜め、本人に気づかれないよう張り込みを何日も続ける苦労は並大抵ではないが、この記者根性こそ貴重だ。インターネットを通じて、こっそり他人の情報を盗むケースが指摘される時代背景があるだけに、この古典的ともいえる取材姿勢は頼もしい。張り込みの苦労が実らないケースはゴマンとあり、今の記者には嫌われているようだが、〝現場確認による真実追求〟が、取材の基本であることは論をまたない。

▼特ダネを生んだ知恵と準備――周到な調査報道

取材チームの記者は、歴史や考古学に特にくわしい専門記者ではなかった。事件記者的発想で取材に当たった結果が開花したといえよう。旧石器に関する資料調べから始まって、研究者や関係者からの事前取材を積み重ねていった。血気にはやるだけでなく、用意周到な準備を整えて「F作戦ゴー」指令が出たのである。

遠くからスコープで監視する一方、ビデオ撮影機二台を調達し、密かに配置した計画は凄い。

このビデオ二台と写真機一台が三方向から、遺跡現場での藤村氏の動きを一〇日間も見張り続けた。疑惑の行動は記者自身も目視しているが、最終的にはビデオが〝動かぬ証拠〟をつき止めたのである。朝日新聞のリクルート疑惑を暴いた調査報道（一九八八年～八九年）が記憶に残るが、今回のスクープは調査報道プラス疑惑現場特定の成果と考える。その点から、数あるスクープの中でも特筆すべきケースだ。

▼新聞報道の底力を示した――紙面展開の早技

北海道・報道部の藤村氏への取材日が一日早まって一一月四日夕になったことで、記事作成作業はハードだったに違いない。北海道独自の取材が隠密であったため、その動きを知っている者は東京本社編集局幹部のごく少数だったという。

仙台からの緊急連絡に、「ヨシっ！　五日付朝刊からいける」と、毎日社内の興奮と緊張感は一気に高まった。本・支局の連係プレーにより、一、二、三、二五、二六、二七面を大動員したスクープ紙面が出来上がったのである。証拠写真をつきつけられた藤森氏が意外にあっさり〝自白〟したとはいえ、「紙面化ゴー」決定からの新聞づくりの早技には驚かされた。飛躍的に進歩した情報機器や画像処理などの新聞制作機器に負うところも多いと思われるが、わずかな時間帯の中で新鋭機器を駆使した新聞社の総合力を再認識させられた。今の電波メディアでは果たせない、「新聞報道の底力」を実感した読者が多かったに違いない。

▼過去の反省に立った、今後の追跡報道を――反省と事後の検証

日本考古学界のズサン体質が暴かれ、旧石器時代――特に前期旧石器研究の全面的見直しをせまることになった。藤村氏の功績を称えた歴史書・教科書を書き替える作業が早くも動き出した。半ば〝正史〟と認知されていた歴史を修正させる契機になったスクープの意味はきわめて大きい。内外への波紋は広がっているが、それだけに事後の報道姿勢が大事であり、今後の追跡・検証報道が注目される。

『毎日新聞』は一九九三（平成五）年五月一三日朝刊一面トップで、「五〇万年前日本に原人宮城・高森遺跡『北京』とほぼ同時期」との特ダネを大展開した。そこで、今回の「ねつ造」スクープを見た読者から「過去の毎日の責任は？」というクレームが寄せられていることを軽視してはならない。九三年の毎日報道は他紙も追いかけた〝大ニュース〟で、当時の紙面を改めて読み直したが、調査団の発表に基づくものであって、新聞側の勝手な思い込みとは言えないケースである。しかし、問題は残る。考古学ブームに便乗し一〇万年単位で日本の旧石器時代の年代が遡っていった点に疑念を持たず、一部学者の異論を取り上げようとの姿勢に欠け、「日本にも原人。……行け行けドンドン」の体質が新聞社側にあったことは否定できまい。

この点につき二〇〇〇年一一月一四日『毎日』朝刊の座談会紙面で「一九八六年に小田静夫さん（現東京都教育庁学芸員）が宮城県の前期旧石器時代の遺跡から出土した石器や年代について批判的な論文を書き、九八年には竹岡俊樹・共立女子大講師が上高森遺跡に対し否定的論文を書いているが、学会でも大きな論争にならなかった」と記しているが、新聞社側にも〝新発見〟に目を奪われすぎたとの反省があってしかるべきだ。『朝日』一一月一〇日朝刊オピニオン面の中で学芸部記者が「竹岡氏はフランスで学んだ石器の型式学をもとに、藤村氏の発見した石器の不可解さをはっきりと指摘してきた。しかし、それが学会内での論争に発展することはなかった。記者自身、竹岡氏からの手紙を受け取りながら、その主張をきちんと受け止めることを怠った」と不明を反省しており、『毎日』も同一五日朝刊三面続き物の中で「報道にも重い課題」の見出しを掲げ、「異論を黙殺し、議論を避けてきた考古学界。大報道を重ねてきたマスコミも問われている」と、自戒の弁を記していた。

（01年1月記）

■考古学ブームに便乗した報道を反省

　藤村氏が〝旧石器発掘の第一人者〟として調査した遺跡は全国に三三個所もあり、当初（二〇〇〇年一一月四日）認めた総進不動坂、上高森両遺跡での旧石器発掘ねつ造以外の藤村氏関与の有無が、残された大きな関心事だった。毎日新聞取材班はその後も執拗に取材を重ね、「座散乱木《ざざらぎ》と馬場壇Aの宮城二遺跡の発掘ねつ造も濃厚」の特ダネを掲載（01・9・24朝刊）したあと、日本考古学協会特別委の調査をスクープして、「ねつ造二十数遺跡も」と特報（9・29朝刊一面トップ）した。

　以上の報道は内外から称賛され、二〇〇一年度日本新聞協会賞・菊池寛賞・石橋湛山記念早稲田ジャーナリズム大賞に輝いた。これまでも数々のスクープが表彰されてきたが、新聞ジャーナリズムの復権に寄与した意義も含めて特筆すべき快挙だった。

ただ、ここで新聞界として謙虚に反省すべきことは、考古学ブームに便乗して各新聞社が安易な過剰報道に走ってきた点である。「遺跡発掘の新発見に飛び付くマスコミと研究者たちが引き起こしたのが今回の事件であった」として、共立女子大の竹岡俊樹講師が「考古学再生のために必要なこと」の一文(『毎日』01・6・7夕刊学芸面)で、次のように指摘していることは、今後の報道に当たっての指針になるものである。

「今回のスクープは、ねつ造の疑念を抱いて取材を始めた記者と、ねつ造だとの学問的な確信を持った研究者とが協力して理想的な形で成し遂げられた。同じように、もし、考古学とマスコミとが発見ではなく、原始・古代の日本人の文化と歴史を語るというより建設的なテーマの下に結び付くことができれば、考古学のみならずマスコミにとっても得るところは大きいであろう。この作業のためにも考古学は、その学問の有効性を社会に対して明確に示すことが求められる。」

その後「小鹿坂など埼玉県秩父市の九遺跡そのものがねつ造」というショッキングな報道(10・12朝刊)が続き、前期旧石器時代は全面的見直しを迫られている。

(01年11月記)

■前・中期旧石器遺跡総くずれ

旧石器発掘ねつ造疑惑を調査してきた日本考古学協会の前・中期旧石器問題調査研究特別委員会は二〇〇二年五月二六日、学会としての屈辱的な発表を余儀なくされた。「藤村新一氏が関与した遺跡のうち検証を終えた三〇遺跡は、すべて学術資料として扱うことは不可能」という衝撃的な結論である。一年半前、ねつ造を毎日記者に告白した藤村氏は「ねつ造は総進不動坂と上高森の二遺跡だけ」と言っていたが、その後の学会調査によって「前・中期旧石器遺跡は総くずれ」の様相が深まった。一九八一年の座散乱木遺跡発掘以降、一〇万年単位で年代がさかのぼり「七〇万年前」と喧伝された日本列島・人類史研究は虚偽の上塗りと言える深刻な事態を招いてしまったのである。日本の前・中期旧石器研究は、五万〜三万年前から研究やり直しの局面に立たされ、考古学界をゆるがす大失態となった。

この不祥事を伝えた五月二七日朝刊、旧石器報道をリードしてきた『毎日新聞』が二番手扱いにした判断は解せない。「世紀の特ダネ」の続報との認識を持って堂々トップにすべきニュースだろう。ちなみにトップ記事は「医療事故報告　制度化へ」という厚生労働省関連の記事。二日前の同紙二五日朝刊で「考古学協会あす総会で発表」という予告記事を一面トップにしたため扱いを控えたとも推測できるが、この判断は本末転倒である。また『朝日』と『産経』の一面４段扱いは首肯できるが、『読売』の対社面2段扱いは公正な価値判断とは言えまい。他紙の特ダネにしても、ニュース価値をおろそかにしてはならない事例と言えよう。

旧石器問題調査研究特別委員会発表の際、最終判断が持ち越されていた座散乱木遺跡も六月九日、ねつ造と断定された。同遺跡は旧石器発掘ブームの引き金になった象徴的な存在であり、この遺跡まで否定されたことは大ニュースだ。前・中期旧石器時代遺跡としては唯一の「国史跡」

になっており、文化庁は文化審議会に史跡解除を諮問せざるを得なくなった。

藤村氏のねつ造が発覚する寸前の二〇〇〇年一〇月末に刊行された『日本の歴史』（講談社）第一巻『縄文の生活誌』を執筆した岡村道雄氏は「前期・中期旧石器遺跡の発掘調査は、すべてといっていいほど藤村氏の発見を契機としている。彼が遺跡を探し求めて歩き回る範囲がそのまま、前期・中期旧石器文化が確認された範囲と同じであるのも、彼の業績のすごさを証明している」と、まさに神様扱い。文化庁の主任文化財調査官で旧石器研究の権威の論文だけに唖然とさせられた。学会の一部から藤村氏の行動を疑問視する声は出ていたというが、反対意見を封じて発掘フィーバーをあおった一部学者の責任は重い。学術研究に泥を塗ったばかりでなく、長年の調査研究費や地元自治体の経済的負担などを考えると、「藤村氏個人の犯罪」で終わらせるわけにはいかない。

■「報道の自由」の重要性

現在、個人情報保護の名目で国会に提案された「メディア規制法案」をめぐって論議が高まっている。こういう時期だけに、「報道の自由」が果たした例証として、旧石器発掘ねつ造を暴いた過程が参考になる。取材の苦労は尋常一様ではなく、真実を求めて試行錯誤する姿にうたれる。

「取材の生命線は『絶対に気づかれないこと』だ。前副理事長（藤村氏）の行動パターンを把握するため、自宅や宿泊先を張り込んだ。撮影場所は民有林の中だったが、悟られるのを警戒し、所有者に許可はとらなかった。取材手法は記者の良心、社会通念に照らして許容範囲を逸脱したとは思わないが、個人情報保護法はこうした取材を著しく制約する可能性がある。報道機関に適用される五つの基本原則のうち、『利用目的の明確化』は重大だ。『個人情報は、適法かつ適正な方法で取得されなければならない』とする『適正な取得』の基本原則に（私たちのような隠密取材が）抵触する恐れはないか……」と、第一線取材記者の一文（『毎日』5・17朝刊）は、取材記者が安閑としていられない厳しい情報環境を指摘したものである。

「一部の学者の疑問を考古学界は正面から受け止めずにきた。その結果、ねつ造は岩盤の下に封印された。岩盤は遺跡の上だけにあるのではない。社会の至る所に不正を覆う岩盤はある。私たちがその岩盤を打ち砕く力を持ち続けることができるのか、どうか。それが問われていると思う」との熱い問題意識。古い考古学界の岩盤を打ち砕いたという自負を感じる力強い文章だ。

「旧石器発掘ねつ造」報道の軌跡をたどり直し、改めて「報道の自由」の重要性を痛感させられた。〝白い巨塔〟でぬくぬくとしていた旧石器研究者に対する警鐘の乱打が、陥没・倒壊寸前の塔を救ったのである。

（02年6月記）

■特ダネから結末まで筋を通した報道

『毎日新聞』二〇〇四年一月二六日朝刊、「旧石器発掘ねつ造の取材三年半、終止符」の紙面が、感動の記憶を呼び覚ました。〝世紀のスクープ〟が投じた衝撃は大きく、五〇万年前にも遡ると喧伝された〝新発見〟が次々否定され、前期旧石器研究は白紙からの再出発を余儀なくされた。研究書・教科書を全面改訂する波紋も巻き起こした。このスクープがなければ、歴史ねつ造に気づかず、永久に「正史」と位置付けられたわけで、新聞の力を実感するのである。

『毎日』一月二六日朝刊によると、藤村氏は二〇〇〇年一一月四日、ねつ造を告白したあと精神疾患で入院、二〇〇三年七月退院したものの、入院中に再婚し、名前まで変えての蟄居生活の身。まことに気の毒な境遇だが、取材班は、ねつ造問題の締め括りの意図を本人に説得し続け、二〇〇四年一月やっと再会見にこぎつけた。藤村氏は「私の口から本当のことを話す義務がある」と応じ、取材時間は計五時間にのぼったという。「二〇代後半、一九七四、七五年ごろから、同じ風景のところから石器が出てくる夢を見た。そこは実在し、掘ると石器が出る。今から思えば幻聴、幻覚なんです」と語り、「周囲の人やマスコミの注文でエスカレートし、二〇万、三〇万年前となる。どうやって埋めたのか分からない。病気のために当時の記憶がない」と告白する姿が痛々しい。

聞き出す記者もつらかったに違いないが、ここまで努力してフィナーレの紙面を作成した熱意に、「新聞の真の姿」を再発見した思いである。日本考古学協会の調査で藤村氏の関与した一六二遺跡の価値が否定されたという。藤村氏をここまで追い込み、旧石器研究の成果を誇大に発表した一部学者の罪こそ大きいと思うが、それをあおったとみられるマスコミ報道にも反省すべき問題を残した大事件だった。

（04年２月記）

■ネット上に見る「旧石器ねつ造」騒動

毎日新聞が二〇〇〇年一一月五日付朝刊最終版編集作業を終えたのは、五日午前一時半ごろと推定される。直ちに印刷工程に移され、早朝には各家庭に配達された。他社に気づかれないよう極秘で作業を進めたことは当然で、自社のホームページ（データベース）を解禁したのも、一般ニュースより遅らせて午前二時半～三時ごろと考えられる。従って、同時刻以降にインターネットで「毎日ホームページ」を検索した人は、『毎日』のスクープ記事を朝刊配達前に知ることができた。配達された『毎日新聞』か、ホームページを見ての反応かの判別はできないものの、多くのメールが早朝から頻繁に飛び交っていた。

スクープ記事への反応を示したインターネット各種「掲示板」への書き込みは、一一月五日早朝からと推定される。筆者が調べた限りでは、その第一号は日本史関係ページへの五日午前七時四〇分の発信だった。

「証拠押さえて取材する、マスコミの原点だよ。久し振りにブン屋さんを見た思いだね。賞賛ものだ。新聞には、肩を落とした写真まで出ているよ。この人、高卒ながら独学で研究してきた人なんだね。日本で次々と発掘してきたそうだが、全部インチキだとしたら、日本の旧石器時代の歴史が変わるだろうな。問題は、どれがインチキだったのか、本人しか分からないことだね」

と、かなり長文のメールを確認できた。

とにかく驚くほどのメールが多様な見解や批判を寄せている。「スクープした記者さん、給料の高い朝日新聞に引き抜かれます（笑）」（11・5AM7：44）と茶化したものもあったが、ジャーナリズム評論家と称する人からは、

「ついにピルトダウン原人の日本版が出ましたか……。犯行を突き止めた記者はピュリッツァー賞ものだね。素晴らしい。拍手喝采!!」（11・5AM8：48）というメール。末尾に「でも、うち毎日新聞とってないんだよね」と断っているから、早朝インターネットで『毎日』のスクープを知ったことは明らかだ。画面を見てすぐ「ピルトダウン原人」（後にねつ造が判明）を連想する点からみて、知識人に違いない。

■執拗なメールの〝銃弾〟

感心させられるもの、苦笑させられるもの、皮肉たっぷりのもの等々……早朝からパソコンのキーを叩く人の多いことに、改めて驚かされた。例示したらキリがないため、特異例として「名無しさん」とのネームで立て続けに発信したメールの執拗さを紹介してみよう。
「サンゴの事は忘れたの？　朝日ちゃーん」（11・5PM2：18）
「朝日、まるで自分が突き止めたような書き方だな」（11・5PM2：21）
［注］『朝日新聞』が「ねつ造」記事を掲載したのは『毎日新聞』より一日遅れの一一月六日朝刊だか

ら、この人は『アサヒ・コム』の報道をパソコンで見て抗議したに違いない。

「毎日＞＞＞＞＞＞＞＞＞＞＞パクリ朝日」（11・5ＰＭ２：32）

「朝日って、考古学の発見の時は、ほかにいくら重要な事件があっても一面トップにでかでかと載せてたから、考古学報道にやたらプライドがあったんだろうな。で、彼らが格下と思っている毎日にこんな大スクープをとられてしまい、さぞ悔しがっているんだろう。しかし、それにしても『朝日新聞の取材に対して』はないよなあ」（11・5ＰＭ２：35）

「朝日のパクリはマジで酷いな」（11・5ＰＭ２：43）

「おお、朝日書き換えた!!」（11・5ＰＭ２：45）

［注］指摘されて、修正したらしい。

「朝日の関係者はここを見ている証拠だな」（11・5ＰＭ２：48）

「けっこう気にしているんだねえ」（11・5ＰＭ２：50）

「最近の朝日の紙面はここ見てるとしか思えないよ。あんまりやり過ぎてもまた叩かれるだけなのにバカだねえ」（11・5ＰＭ２：53）

このほか「『青森遺跡探訪』掲示板」などのメールが飛び交い、インターネット上で厳しい指摘や論争がやり取りされていることに驚かされた。意図的な中傷と思えるものも散見されるが、パソコンの普及に伴って各種ホームページにアクセスし、さまざまな意見を述べる人が激増していることを裏書きしている。〝いい加減な情報〟を流せば、直ちに批判を浴びる世の中になってきたとも言えるだろう。この点、『アサヒ・コム』の安易な情報に対し、メールを打ち込み続けた人の執拗さは、インターネット時代の特異ケースではなさそうである。

■「情報」は常時監視されている

一一月五日早朝の時点では、朝日新聞社は「旧石器発掘ねつ造」を全く知らなかったはずだ。それなのに、同社ホームページ『アサヒ・コム』が「朝日新聞の取材に対して……」と前置きして情報を流したことに非難が集まったのは当然である。「毎日新聞の報道によると……」と断わって朝日ホームページを作ったなら、咎められる筋合いではなかったろう。『アサヒ・コム』側に〝パクリ〟の意図があったと決めつけるのは酷だが、他社に特ダネを抜かれた際に、新聞社はこれまで、「本社の○日までの取材によると……」などと記して後追い紙面を作る手法がまかり通ってきた。朝刊で初めて知った他社の特ダネを、すぐ夕刊で追いかけることは至難のこと。他社の特ダネ記事を下敷きにせざるを得ないケースが多い。他社が何カ月もかけてものにした大特ダネを、わずか数時間で紙面化できるはずがない。とは言っても、「自社が独自の取材を経て書くべきだ」とかたくなに言っているのではない。他社に抜かれても、重要問題は直ちに追うことが新聞の責務であるからだ。

そこで今回の場合は、「毎日新聞の報道によると……」との文言を入れることが、最低限必要だった。それどころか『アサヒ・コム』は「朝日新聞の取材に対して」と偽り、〝情報〟を作って速報してしまったようだ。この時点で『アサヒ・コム』の情報源は唯一「毎日ホームページ」しかないことは明らかで、この行為は〝盗用〟に等しいやり方である。一方、本体の『朝日』一一月六日朝刊第一報では「毎日新聞が五日、『藤村氏が石器を埋めるところをビデオ撮影した』と報道したのを受け、藤村氏は宮城県庁で記者会見し、自分一人でねつ造していたことを認めて『何とお詫びしていいか分からない』と謝罪した」と記し、『毎日』の特ダネを明快に認めていた。朝日社内でどんな論議が行なわれたかは知る由もないが、他社の特ダネは特ダネとして、記事化した姿勢を多としたい。

（01年2月記）

2 「基礎・基本」の学習が先決　2002・11

二〇〇二年秋、久しぶりに国民を感動させるビッグニュースが飛び込んできた。〇二年度ノーベル物理学賞と化学賞、日本人ダブル受賞の栄誉である。物理学賞の小柴昌俊・東大名誉教授（七六歳）の受賞理由は「天体物理学、特に宇宙ニュートリノの検出に関する先駆的貢献」、化学賞の田中耕一・島津製作所フェロー（四三歳）の受賞理由は「生体分子の固定および構造解析のための手法の開発」である。

■ノーベル賞二学者の初等教育論

両氏の業績については、すでに報道されている新聞・雑誌などのコメントに譲り、受賞の二科学者が新聞紙上で語った語録を拾い上げ、多くの国民が抱いている教育問題に絞って考えてみたい。

小柴、田中両氏とも風貌、語り口から察して、実に親しみの持てる人柄。その平易な言葉の中に、われわれが学ぶべき点、考え直さねばならない問題点が詰まっていた。

「人間にはいやが応でもたたき込むべき内容とその時期がある。三歳の子どもが友達の菓子をとった場合『迷惑をかけるな』と論理的に話しても無理です。お尻を引っぱたいても教えなければならない。掛け算の九九もそうで、何でも覚えられる小学生の時期に覚え込むべきことはある。」（小柴氏）

「どうしても学ばなければならないことは学ばせたうえで、『私は科学が好き』『私は文学が好き』というふうに、子どもが好きなことを選んで学べる制度があればと思います。」（田中氏）

新学習指導要領が小・中学校でスタートしたのが、〇二年の四月（高校は〇三年度から）。学校完全週五日制に移行し、「ゆとり教育」を旗印に掲げ、学習量は三割削減された。この教育改革路線は実施前から論議を呼んだが、その基本的命題は「初中等教育における基礎基本の学習」。平たく言えば、「読み・書き・ソロバン」の徹底と「考える力」を養うことが教育の原点ではないかとの問いかけである。文部科学省が十数年来推進してきた「ゆとり教育」が新学習指導要領のもと本格始動したものの、基礎学力の低下が不安感を深めている。

新学期寸前の〇二年二月中旬、中央教育審議会は「新しい時代における教養教育の在り方について」と題する答申を遠山敦子文科相に提出、「学校での基礎の反復学習や放課後指導。国語授業での素読や暗誦。体験活動への取り組み」などを強調したが、チグハグな感を否めない。さらに文科省は八月「発展的な学習」のため教科書外の教師用手引書を作成した。算数・数学、理科に限ったものだが、新学習指導要領で削除された「三ケタ同士のかけ算」（三年）や「台形の面積を求める公式」（五年）などを、習熟度別授業で活用せよとの要請。学力低下を防ぐための苦肉の策だろうが、現場教師は授業時間数が少なくなったうえ、「総合学習」などが付加されて、対応に戸惑っている。低学年での基礎基本の欠落が高校、大学教育にまで影を落としている点も深刻に受け止めなければならない。

■「理科離れ」というが……

「私は、中学一年の担任で数学の先生が大好きだった。あの年ごろというのは、数学が好きだから数学の先生を好きになるというのではないんだ。先生を好きだから数学を好きになる。遠山大臣に会った時『理科離れ』というが、中学一、二年あたりに、生徒に慕われる先生を用意することが大事だと言いました。」（小柴氏）

「小学校の担任の先生が、教科書に載っていることでなく発想の豊かさを教育に生かしてくださった。実験が好きで続けるうち、間違っていても否定せず、教科書通りでなくていい、と言ってくれた先生の教えが、とてつもない発見につながりました。」（田中氏）

両氏の才能を開かせた原点は、少年期における教師との出会いだった。学ぶこと、考えること、工夫することの面白さを子どもの時に感じることが、将来どの道に進もうとも生きてくるとの重要な証言だ。教壇から一方的に教え込むだけの教育ではなく、教師の全人格の投影が子どもを目覚めさせると言えるだろう。この点で、教師の資質はきわめて重大である。医学部卒のインターン制度、法学部卒の司法研修生に匹敵するような〝教師研修生〟制度があってもいいと、かねがね考えているがどうか。純粋無垢な子どもに教えることは授業技術だけでなく、教える側に全人格的な熱情と努力が要るということである。文科省は制度いじりには熱心だが、教師養成の視点に欠けていないだろうか。それに付随することだが、初中等教育と高等教育に当たる教師への、いわれなき格差是正も必要だ。少子化によって生徒数が減ったから「教師数も削減」の短絡思考も心配だ。現に、新規採用が激減して教師集団の構造が歪んできている。「二〇人学級」が理想とされる今、むしろ良質な教師の増員こそ教育改革の柱の一つと思う。

■自然に親しみ、何でもやってみる好奇心

「物理や理科は、ただ教わるだけでは面白みは感じません。自分の手で学んで初めて、楽しさや面白さが感じられるのです。いじって楽しむ施設を全国に造ってほしいですね。」（小柴氏）

「外で遊ぶのは好きでした。富山は田舎で、自然に触れられる。いくら人間は頑張っても自然には及ばないという考えが身に付きました。そして実験が面白くて取り組みました。常識にとらわれずにやること。新しいことをやるためには、データを疑ってみることです。」（田中氏）

ともに〝実験大好き人間〟の言葉は、説得力を持つ。好奇心を持って、何にでもトライすることの重要さだ。実験というと、理科的なものを考えがちだが、この精神は全ての教科に共通するものだ。「不思議なことを自分で調べること」と言い換えてもいいだろう。今の子どもたちがインターネットで検索して調べることは結構だが、それを丸写しにして「勉強した気になる」危険性を注意しなければならない。学校のパソコン機器は急速に整備されてきたものの、あくまで「考える」ための補助手段との認識が必要だ。筆算を軽視した電卓使用も行き過ぎは困る。「総合学習」の目的が、「教科書を離れて、自分の目や手で何かを発見する」新教科に向かうなら賛成だが……。

■良いものを見出し、伸ばすシステムを

「日本の研究費は一度決まると追加の予算はなかなか通りません。仕方なく、米国の国際学会で一緒にやるやつはいないかと誘ったところ、ペンシルベニア大学の連中が必要な装置と研究費を持って参加してくれました。」（小柴氏）

「一九八七年に日本の学会で『たんぱく質の質量分析』を発表した後それを聞きつけた米国の研究者二人が私のところに来られて、『ぜひとも世界に紹介したい』と言われたのです。将来性を認めてくれた、こうした『目利き』のような方がいなければ、今の（受賞）騒ぎにはなっていなかったと思います。」（田中氏）

日本社会の構造的な欠陥を指摘しているように感じる。学会だけでなく、子どもの社会に至るまで張りめぐらされた歪んだ構造の是正は急務だろう。文教行政に限っても、上意下達の姿勢が未だに感じられる。文科省通達↓教育委員会の指導が、教育現場の自由な発想を萎縮させていないだろうか。毎年くり返される教科書問題一つとっても不毛な争いに無駄なエネルギーを使っているように見受けられる。もっと現場教師を信用し、創意工夫を引き出す施策こそ望ましい。ほぼ一〇年ごとに改定されてきた学習指導要領、その影響をこうむるのは、人生で最も大事な十代

の子どもたちであることを念頭に、真の〝教育改革〟をめざしてほしい。

3　拙速の「教育基本法改正」に走るな　2003・11

■「基礎・基本」を軽視した指導要領

学校週五日制に伴い、鳴り物入りで「ゆとり教育」が小・中学校で実施されたのが二〇〇二年四月、二〇〇三年春からは高校にも適用された。新学習指導要領に基づいて学習内容を三割削減し、体験的な活動を重視する「総合的な学習の時間」を設けて「生きる力」を育てると、文部科学省はPRしていた。ところが、「基礎・基本」教育の低下が如実に現れ、教育関係者や保護者から、「特に初中教育での基礎・基本の習熟」を要望する声が高まっていた。

中央教育審議会は一〇月七日、学習指導要領の一部を改めるよう求める答申を河村建夫・文科相に提出した。学習指導要領はほぼ一〇年ごとに改訂されてきたが、新指導要領になってからわずか二年余で、部分改訂の体裁をとりながらも、根幹の見直しを迫られた政治責任は重い。答申は、学年ごとに設定された「歯止め規定」見直しを提言し、現場教師の裁量幅を広げているものの、「ゆとり教育」そのものへの問題提起に欠けている。文科省は「ゆとり教育から学力重視への変更ではない。現場教師の裁量の幅を広げたのだ」と弁明しているが、明らかに学力重視への軌道修正と見て差し支えなかろう。

新聞各紙は、答申に一定の理解を示しているが、「ぐらつく文科省の方針」を厳しく批判している。中でも、『日経』一〇月一〇日社説「学力低下批判については『立場の違いによって議論がかみあっていない』などとした上で、『生きる力』を求める考え方が一貫していることを強調している。木に竹をついだような分裂した答申になったのは、文科省の『ゆとり教育』という看板の『無謬性』を擁護する一方で、学校現場や社会に広がる混乱に応えて軌道修正を重ねてきた現実を追認せざるを得なかったからだろう。……国の指針の動揺は現場の混乱と社会の公教育不信を広げた。基本路線の転換を率直に示すべきである」との指摘に共感する。

苅谷剛彦・東大教授（教育社会学）は「出さないより出した方がよかった」と評価しながら、「見直しがここで終わるとしたら、あまりにも中途半端だ。答申は現行の指導要領の枠を変えず、週五日制にメスを入れないまま当面の課題への対応策にとどまっている。最低基準と言い出したのだから、各学校段階でどんな力をどこまでつけさせるべきかを一から検討し、それをいかに保障するかを考えなければならない。全面改訂に向け、すぐに次の議論をスタートさせるべきだ」（『朝日』10・12朝刊）と指摘していた。

法改正や通達で現場教師を縛り、「教育」を取り仕切ろうとする文教行政の体質こそ問われなければならない。この混乱やヒズミの最大の犠牲者は子供たち、ひいては将来の国力に影響する重要問題だ。現場を無視した「官僚の思いつき」はこわい。

■現行基本法の理念にまちがいがあるのか

「われらは、さきに日本国憲法を確定し、民主的で文化的な国家を建設して、世界の平和と人類の福祉に貢献しようとする決意を示した。この理想の実現は、根本において教育の力にまつべきものである。われらは、個人の尊厳を重んじ、真理と平和を希求する人間の育成を期するとともに、普遍的にしてしかも個性ゆたかな文化の創造をめざす教育を普及徹底しなければならない。ここに、日本国憲法の精神に則り、教育の目的を明示して、新しい日本の教育の基本を確立するため、この法律を制定する。」

一九四七年三月三一日に公布・施行された「教育基本法」の前文である。以下第一条から一一条まで簡潔な条文の中に、「教育宣言」とも称される見事な教育理念が記されている。

「混迷する教育」の原因を一概に論じることは難しいが、文教行政のぐらつきと、一方的押し付けに一因があることは、前段で論及した「新学習指導要領」の失態がその一端を示している。政治・社会の混乱が、「教育」に悪影響を及ぼしているのに、その元凶は戦後制定された教育基本法にあると、基本法改正の声がにわかに高まってきた。二〇〇〇年暮、首相の私的諮問機関「教育改革国民会議」が提出した「基本法見直しに取り組む必要がある」との報告を受け、〇一年一一月遠山敦子・文科相が中教審に諮問。これを受けて中教審は〇三年三月、「現行法の前文に定める基本的な考え方については、引き続き規定することが適当」と述べたうえで、「社会の形成に主体的に参画する『公共』の精神、道徳心、自制心の涵養」「日本の伝統・文化の尊重、郷土や国を愛する心と国際社会の一員としての意識の涵養」など新たに追加すべき八項目を列記している。現行基本法の理念が間違っているから改正すべきだという答申ではなく、時代風潮や政治権力に配慮した〝ひ弱な答申〟の印象を拭えない。そこに、憲法改正と連動した政治主導の画策が垣間見えるのである。

教育基本法改正に積極的な『読売』、『産経』が答申を評価し、さらに踏み込んだ注文をつけているのは両紙の姿勢から当然かもしれない。しかし、現行基本法と中教審答申を精読してみて、改正の緊急性は全く見当たらなかった。「今回の答申も現行法の理念を否定しているわけではない。『公共への参画』や『伝統・文化の尊重』『郷土や国を愛する心』という言葉は基本法にはない。しかし、答申も認めているように、同じような理念が盛り込まれている。……真理と正義を愛する。文化の創造と発展に貢献する。現行法はこうしたことも求めている。これ以上、あえて法律に書き込む必要があるのだろうか。理念がことさらに強調されれば、学校が窮屈になる恐れもある」(『朝日』3・23社説)「文科省は改正案作りを進めている。しかし改正論にも濃淡があり、与党内にも慎重論が聞かれるなど議論は煮詰まっていない。ここは十分な時間をかけるべきだろう。教育荒廃の今、基本法改正のみに血道を上げることは、政治に引き回され、結果的に問題を拡散し隠ぺいする恐れがある。改正が喫緊の課題とは言えない。優先的に取り組むべきことは多々ある」(『毎日』3・23社説)等々の分析と指摘に同調したい。

本稿を書くに当たって、戦後の基本法制定の経緯を克明に追ったが、歴代文相の前田多門、安倍能成、田中耕太郎、高橋誠一郎氏の教育刷新に賭けた熱情に打たれた。議会では「教育勅語」「祖国思想」（愛国心）などをめぐって激しい論戦がくり返されたが、法案審議の答弁（一九四七年三月一九日）に立った高橋文相は『普遍的にしてしかも個性豊かな文化の創造をめざす教育』とありますのは、健全な国民、文化の創造、ひいては健全なる祖国愛の精神の涵養を含むものと考えます」と、堂々と答弁している。

「教育勅語」が一九四八年六月一五日の国会決議で失効した事実を、今の国会議員の何人が知っているだろうか。「神の国発言」で批判を浴びた森喜朗前首相が「教育勅語復活」を臭わせる言動をする時代状況を軽視するわけにはいかない。「愛国心」を基本法に盛り込みたがる意図は、憲法九条改正に通底すると勘ぐるのは思い過ごしだろうか。

もっと具体的に論じたいが、紙幅の余裕がないので、南原繁・元東大総長が一九四八年一月、「教育刷新委員会」（同氏が会長）で提起した内容の一部を紹介して本稿を締めくくりたい。

「文部省は、学芸及び教育の向上と普及について、必要かつ適切なサービスを国民に提供し、教育の地方分権に伴い地方に於いて行なわれる教育に対しては十分な援助を与えると共に、あくまで基本的人権を尊重して精神活動の自由を保障することをその主要な任務とし、いやしくも国家権力をもって、学芸及び教育の実体に干渉することができないようにせねばならない。」

半世紀後の現在も通用する「教育改革」の鋭い視点に感銘する。

第6章　新聞は襟を正し、公正な報道を

1　インターネットでの盗用記事　2000・8

グッチ、ルイ・ヴィトン、果てはニセ札まで、ニセ物が横行する世の中である。大昔から贋札づくり・名画贋作などは跡を絶たないが、情報通信の高度化・流通の迅速化が進む現在、多種多様な偽物が世界を混乱させている。

いわゆる消費財ではなく、情報の分野にニセ物がはびこるようになったら一大事である。そんな折、朝日新聞の〝ニセ記事〟が明るみに出て、世間を驚かせた。核不拡散条約（ＮＰＴ）再検討会議をめぐる『朝日』解説記事に、他紙からの大幅な盗用が発覚したのである。盗作・盗用事件は枚挙にいとまがないが、今回のケースは「うっかり」とか、「出典を明示しなかった」などと言い逃れできない、深刻な問題をはらんでいる。

■中国新聞の記述をそっくり盗用

朝日新聞の問題記事は、二〇〇〇年六月八日朝刊の主張・解説（オピニオン）面に掲載された「ＮＰＴ再検討会議」に関する記述である。本文一二字どり一二一行に及ぶ〝格調高い〟解説記事のリード、結論部分（約五〇行）が〝他紙そっくり〟の文章で構成されていたのにはびっくり。下敷きになったのは、中国新聞が掲載した連載企画で、中国新聞社からの抗議がなければ露顕しにくいケースだった。非常に悪質な盗用事件なので、問題記事と中国新聞の記事を示して検証してみよう。まず、『朝日』解説記事の本文を点検してみることにする。（傍線が盗用部分）

ＮＰＴ再検討会議では、アイルランドやニュージーランドなどがつくる「新アジェンダ連合」（ＮＡＣ）が核保有国に「核廃絶への明確な約束」を求め、最終文書に織り込ませるという成果をあげた。

ＮＡＣの成功は、ＮＧＯとの連係プレーが奏功したためといっていい。会場となったニューヨークには約一一〇の反核・軍縮ＮＧＯが集結し、ＮＡＣの代表らは連日、米国や欧州のＮＧＯと議論を深めた。ＮＧＯ側もニュースレターを発行し、会議の模様をリアルタイムで伝えた。セミナーや討論会も繰り返した。

日本のＮＧＯ「平和資料協同組合」（ピースデポ）の梅林宏道代表は、欧米ＮＧＯの調査研究能力と行動力に舌を巻いた。「専門知識の蓄積と発信、国会議員を巻き込んだ政策提言など、日本のＮＧＯにとって課題を改めて感じさせられた」と話す。（中略）

［今後の課題］伊藤一長・長崎市長と森元弘志・広島市助役もＮＧＯ「世界平和連帯都市市長会議」の代表として会議に参加した。ただ、両被爆地が実現を願い、会議で非同盟諸国が主張した「期限を切った核兵器廃絶」は議論にすらならなかった。二年前に核実験を強行したインドやパキスタン、核保有が確実視されているイスラエルはもともとＮＰＴに

加盟していない。「非核兵器国としての早期加盟」を会議は求めたが、強制力はなく、三カ国に加盟の意思はうかがえない。

だが、今回の会議を評価する声は多い。核兵器開発競争に明け暮れた二〇世紀の末に、核保有国をも巻き込んで、完全廃絶に向けた約束という合意に、国際社会がなんとか到達したからだ。

「核廃絶運動は新しい段階に入った」。伊藤市長は、被爆地の市民と非核保有国、NGOが連係し、非核を実現するための不断の努力を呼びかけた。まだいくつもの段階を経なければならず道のりは遠いが、核兵器なき二一世紀はその向こうにしかない。

『中国新聞』は、『朝日新聞』の掲載より一〇日以上も早い五月二六、二七、二八日朝刊国際面に「核廃絶の誓約　NPT会議を終えて」と題する連載企画を上・中・下三回にわたり掲載した。被爆地広島のブロック紙として、核廃絶への願いをこめた記述は、国際会議を丹念に取材した記者の視点を感じさせる内容で、NPT再検討会議の内情がよく描き出されていた。朝日記者が「やられた！」との思いで、記事を読んだことは容易に想像できる。だが、次のような記述をそっくり盗んで、「自らの主張、解説」のように仕立てた手口は言語道断である。いかにひどいものかは、『中国新聞』からの盗用箇所を見れば一目瞭然である。

▼盗用された『中国新聞』続き物（中）――「今回の会議でＮＡＣが存在感を増したのは、非政府組織（ＮＧＯ）との連係プレーが奏功したからとみられている。非公開の会合が終わるたび、ＮＡＣの代表らは米国や欧州のＮＧＯメンバーと意見交換をくり返した。ＮＧＯ側も会期中、ニュースレターを発行し、会議の模様をリアルタイムで伝えた。議場入り口には核軍縮関連の論文集やパンフレットを山積みし、国連本部の内外でセミナーや討論会もくり返した。

再検討会議を傍聴した数少ない日本のＮＧＯの一人、ピースデポの梅林宏道代表は、政府ＮＧＯの調査研究能力と行動力に舌を巻く。『日本のＮＧＯは、政府方針にやみくもに反対するだけではなく、政策をぶつけ合うレベルにやっと届こうとしている段階だ。専門知識の蓄積と発信、国会議員を巻き込んだ政策提言など、われわれの課題を実感させられた。』」

▼盗用された『中国新聞』続き物（下）――「広島、長崎の被爆地が実現を願い、会議で『非同盟諸国が主張した『期限を切った核兵器廃絶』は、非現実的とみる保有国の冷たい反応を浴び、議論にすらならなかった。」

「二年前に核実験を強行したインドやパキスタン、核保有が確実視されているイスラエルはもともとＮＰＴに加盟していない。『非核兵器国としての早期加盟』を会議は求めた。しかし強制力はない。三カ国に加盟意思はうかがえない。

だが、妥協や欠落がめだつとはいえ、『それでもなお』と今回の会議に評価が相次ぐ。核開発競争に明け暮れた二〇世紀の末に、核保有国をも巻き込んだ合意が、『核兵器完全廃絶に向けた疑いのない約束をする』という国際社会のあかしだからだ。被爆地を代表して再検討会議で演説した伊藤一長・長崎市長は『核兵器廃絶への第一の扉が開かれた』と歓迎した。そして、被爆地と非核保有国、NGOが連係し、誓約を実現するための行動を呼びかけた。『第二の扉』は相当に重そうだが、核なき二一世紀はその向こうにある。」

■広島支局は気づかなかったのか？

文章構成が全く同じで、記者の見方や結論がきわめて酷似していることは、だれが読んでも歴然としている。朝日新聞東京本社や大阪本社では『中国新聞』を克明に読んでいないと思われるので、事前チェックは難しいであろう。しかし、朝日広島支局の記者、特に出稿デスクが中国新聞の記事との類似点に全く気づかなかったとすれば不勉強のそしりは免れまい。国際会議に一支局員が派遣されたこと自体名誉なことであり、ましてや全国通しの解説面への署名記事である。念には念を入れ、内容をチェックすることは当然である。ところが、事前チェックはおろか、中国新聞社からの指摘を受けてから初めて自社支局員の盗用に気づくとは、あまりにもお粗末ではないか。

朝日新聞社は六月二三日朝刊第二社会面に「本社記者が記事盗用　解説の骨格部分　中国新聞

社に謝罪」（4段見出し）を掲載、読者は唖然とさせられたのである。『朝日』の顛末記事によると、「中国新聞社から『中国新聞の記事を大幅に盗用している』との指摘を受けました。本社はただちに調査チームを発足させ、詳細に分析した結果、解説記事の三分の一で中国新聞の記事を盗用していること、別の地方版の一部の記述も中国新聞の記事と酷似していることが判明しました」と書かれていることから判断して、外部からの抗議によって初めて盗用の実態が露顕したといえる。〝欠陥記者〟の失態だけではなく、朝日新聞の面目丸潰れの大事件と言わなければならない。大新聞にとって誠に恥ずべきことで、朝日社内は対応に苦慮したにちがいない。

朝日新聞がこれまで起こした不祥事の中でも、決して軽いミスではない。謝罪発表から四日後の二七日、盗用記事を書いた広島支局員・吉田圭記者を懲戒解雇するとともに、新妻義輔・大阪編集局長を編集担当付に、法花敏郎・同本社地域報道部長を編集局長付、松本督・広島支局長を編集局勤務に異動し、三人を減給処分にした（紙面掲載は二八日）。一方、新妻編集局長は二七日、中国新聞社を訪ね、「読者の信頼を損ない、中国新聞社にご迷惑をおかけしました」と謝罪し、処分内容を説明している。社長辞任にまで発展した「サンゴ損傷ねつ造事件」（一九八九年）に比べ、スピーディーな処置といえようが、それだけ朝日新聞社内外に及ぼした衝撃は強く、朝日の断固たる姿勢を世間にいち早く示す狙いもあったのであろう。

この件に関し朝日新聞社広報室に取材したところ、詳細な調査を継続中のため具体的な説明は得られなかったが、次のような点が明確になった。

①中国新聞編集局長からの指摘（書簡）で初めて不祥事を知り、大阪本社内に調査チームを設置した。中国新聞社からの指摘は六月一九日ごろだった。

②当該記者は、朝日社内の調べに対して「中国新聞に引きずられたけれど、丸写しではない」と主張した。しかし同社で問題記事を精査した結果、「盗用」と断定、懲戒解雇に踏み切った。事の重大性からみて、監督者への処分も行なった。

③盗用に至る経過は断言できないものの、「情報技術が背景の一つ」という見方もあり、今後の大きな課題であろう。

■インターネット検索の〝落とし穴〟？

新妻編集局長は、六月二三日朝刊で「朝日新聞が重視している原爆・核報道という分野で起きた基本的な倫理に反する行為を重く受け止めています。指導の至らなさを反省し、記者の教育、研修をいっそう徹底するなど、再発防止に全力を注いでいきます」と述べているが、従来の記者教育だけでは律しきれない問題を内包していないだろうか。

従来、記者それぞれに独自の取材ノートを持ち、スクラップブックに各種情報を整理して記事作成に役立てていた。最近の情報機器の高度化は、記者個人の資料入手と蓄積に革命的変化をもたらしている。コンピュータが、スクラップブックにとって代わりつつあるのである。今までも、いわゆる〝糊とハサミ〟のみで記事を組み立て、盗用事件を起こしたことはあったが、コンピュータ検索による情報入手と、パソコンによる記事作成がスピーディーになってきただけに、一歩間違えると大きなミスを招来しかねない。

今回の盗用事件は、三二歳の記者によるものだった。パソコンを駆使して情報を収集、記事を作成することに能力を発揮していたと考えられる。本人が真の動機と手口を語らない現在、推測の域を出ないが、インターネット時代の取材・記事作成の思わぬ〝落とし穴〟に心配がよぎるのである。

現在、日刊紙を発行している大多数の新聞社では、紙面化された新聞が即時データベース化され、外部からのアクセスが可能になった。朝刊が宅配される以前に、自宅のパソコンで新聞の最新情報を知ることができるようになったのである。コストと手間は要するものの、利用者（読者）には誠に便利な時代と言えるだろう。数社の特定情報をパソコンを通じて入手できるのだから、便利この上ない。一方、日ごろ競争の激しい新聞社が互いにインターネットを通じて相手情報を探ることもスピーディーになってきた。新聞社としては特ダネをやすやすと知られたくないから機密データの漏洩には縛りをかけているが、通常の中身は常時公開されているといえる。

新聞社内や記者クラブのデスクに居ながらにして、インターネットを通じて各種の情報にアクセスし、自分のパソコンに取り込むことが可能になった。独自取材と分析力・判断力が、記者の原点であると確信するが、情報機器の飛躍的発展が〝他社の情報や解説を盗む〟誘惑に駆り立てる危険性がないか……心配が募るのである。現役の編集関係者の中にこの点を危惧する声が出ており、現に〝盗用まがい〟の記事もないとは言えぬと指摘する向きもあるほどである。今回の朝日記者の盗用事件が、この種の新たな手口と断定し得る確証は現段階ではないが、パソコンを駆使しての記事作成の〝落とし穴〟と指摘する声を軽視するわけにはいかない。なぜか？……自分のパソコンに取り込んだ情報の錯綜、彼我の峻別を鈍らせる恐ろしさだ。検索を通じて自分が探し出した情報を、あたかも自分が取材したかのように錯覚してしまう危険性である。ましてや、原稿締切り時間が切迫している際に、全く取材せずに、他紙の情報を利用して作文することも簡単な時代になってきたのである。

■新聞界全体の問題との認識を

私が今回の盗用事件にショックを受けたのは、ほんの一部の盗用にとどまらず、解説記事の根幹部分が「他紙の主張と同じ」という常識では考えられない不祥事だったからだ。自分のパソコンに他紙の情報を取り込んだ手段がインターネットか、他紙の切り抜きかを問わず、パソコンでの原稿作成の段階で彼我の区別ができなくなってしまったのではないか、との疑念をぬぐえないのである。何人かの新聞関係者から、その危険性は否定できないとの証言を得ており、私の取材に応じた渡辺理一郎・中国新聞編集局次長も「朝日の記者は、社内の取り調べに対し〝借用した〟と答えているという。情報機器の〝落とし穴〟については本社内でも議論になっており、対応策を検討しなければならない」と語っていた。

朝日新聞社広報室によると、今回の事件を教訓に、①入社半年後の記者研修、②支局デスクの研修、③新入社員にはデータ収集・運用についての教育――を柱に記者研修・教育体制を整備する方針だ。また紙面審議会の各委員から「記者のモラル、教育の徹底」を求める声が出ており、七月に編集担当役員のもとに「新聞記者倫理委員会」を発足させ、取材の在り方、情報化時代の記事の書き方などを検討、記者のモラル確立をめざすという。

技術革新の時代、どこの企業でも従来の作業形態が大幅に変化してきており、新聞社も例外ではない。価値観の多様化、情報機器の高度化により、新旧世代の意識のズレが顕著になってきた時代背景も無視できないと思う。従って今回の不祥事を単なる〝盗用事件〟に矮小化せず、インターネット時代の新たな問題と新聞界全体が認識し、対策を急ぐ必要性を痛感するのである。

情報機器をいかに効率的に使い、自らの原稿に生かしていくか――今後の記者活動に欠かせぬ〝武器〟であることは、時代の趨勢であろう。しかし、そこで思い致さねばならない問題点は、無機質な情報に毒されない記者個人個人の問題意識とモラルの確立である。二一世紀を迎えるに当たって、技術革新下の新聞づくり、情報の質が厳しく問われているのだ。

2　オンブズマン――第三者機関による紙面監視　2001・2

一九八九年の〝平成の三大虚報・誤報〟（『朝日』『毎日』『読売』三紙）を契機に、朝日新聞社の「紙面審議会」（外部の有識者五人で構成）設置をはじめとして、各新聞社が紙面チェック体制の整備・充実に乗り出した。遅きに失したとはいえ、「第四の権力」として大手を振ってきた新聞界の自己批判・自己革新の動きと評価すべきことだった。しかし、それらの組織には限界があり、新聞を含むマスコミ報道の過誤はいぜん跡を絶たない。

新聞研究者・関係者の一部から、米英や北欧に設置されているような「オンブズマン制度」導入の提言はあったが、具体化しないまま一〇年が経過した。その口火を切ったのが毎日新聞社の『開かれた新聞』委員会」創設である。二〇〇〇年一〇月に設置されたが、「二一世紀の新聞」を視野に入れた試みであることは明らかである。第三社機関創設の社告によると、「報道による名誉、プライバシーなどに関する人権侵害だとして当事者から寄せられた苦情、意見の内容と本社側の対応を、委員に開示します。委員は必要なケースについて意見を述べ、報道を検証します。読者と毎日新聞の間に立った委員が、『第三者』の視点から毎日新聞の報道をチェックするシステムで、毎日新聞のオンブズマンといえます」とある。委員は中坊公平、柳田邦男、田島泰彦、玉木明、吉永春子の五氏で、「①人権侵害の監視、②紙面への意見、③二一世紀のメディア提言」の三点の役割を担うもので、事務局は編集最高責任者である主筆の直轄となっている。審議内容は紙面での公開を原則とし、同時に自社の見解も掲載する方針だ。すでにメディア欄で特集記事が提供されており、今までは知ることのできなかった新聞社の取材努力、試行錯誤の過程が読み取れる。

一方、朝日新聞社は「報道と人権委員会」を二〇〇一年元日付で発足させた。委員を大野正男、原寿雄、浜田純一の三氏に委嘱。毎日新聞社とほぼ同趣旨の目的だが、「今回、社外委員による委員会を新たに設けたのは、読者の窓口である広報室の苦情の受理、対応など、問題の解決に向けた一連の手続きに透明性、第三者性を持たせることで、人権問題にさらに配慮していきたいと考えたからです」と説明しているように、新委員会の任務は「人権」にからむ問題処理に限定されている。朝日新聞社にはすでに外部委員による「紙面審議会」があり、それを統合・再編した新機関かと推測したが、二本立てで臨むという。紙面内容を審議するのは、あくまで「紙面審議会」の任務。この審議会が設立されたとき、不完全ながらオンブズマン的機能を意図したものと推察していたが、全く内部的なものだった。それでは、各新聞社が昔から開催している「読者懇談会」とさして変わらない。制度化した意義は認めるものの、審議内容のくわしい公開は一度もなかった。〈紙面審議会から〉という報告記事を随時掲載しているとはいえ、読者として知りたい内部討議の模様は伏せられたままだ。

今度の「報道と人権委員会」では、「調査の結果、本社側に何らかの落ち度があったと委員会が判断した場合、『おわび』『訂正』や、問題となった報道記事を載せるべきだ、といった『見解』を本社側に示します。委員会の判断は多数決とし、少数意見も紙誌に掲載します。本社は『見解』をできるだけ尊重します。同時に、反論を含めた本社の考え方、立場を公表することもあります」と、公開を原則とする意向だ。

中馬清福・朝日編集担当専務は「新委員会は本社から独立した存在」と言っているが、事務局は同社内に置かれ、社長直属の専任事務局長が議事進行などを司ることになっている。毎日新聞は主筆直属の事務局であり、両機関の位置づけにさしたる差はないようだ。

なお両社とも読者との窓口として広報室があり、社員で構成する紙面審査機関として「記事審査部」（朝日）「紙面審査委員会」（毎日）が設けられていることも類似している。

毎日、朝日両社以外でも第三者機関の新設や検討の動きが高まってきている。下野新聞社（栃木）は二〇〇〇年一一月、有識者五人で構成する「下野新聞読者懇談会」を設置、新潟日報社も外部委員八人による「読者・紙面委員会」を〇一年元日からスタートさせた。共同通信社は二〇〇〇年一〇月、外部委員による組織でないものの「『報道と読者』委員会」を立ち上げ、有識者を招いて「読者の信頼に足る報道とは何か」につき意見を聞き、報告書にまとめて加盟社と問題点の共有をめざしている。

■情報公開し、市民の信頼を回復

清水英夫・放送と人権等権利に関する委員会（ＢＲＣ）委員長は「『開かれた新聞』委員会を作ったことは意義あることで、高く評価している。第一の意義は、文字通り市民の新聞に対するアクセスに道をつけたことだ。第二に、市民のプレスに対する信頼を回復する手段になることだ」と述べている。二一世紀幕開けに相応しい新聞社の決意表明と期待したいが、要は新機関を運用する新聞社側の姿勢にかかる。政府の審議会が行政の〝隠れ蓑〟と批判を浴びているような愚は避けてもらいたい。著名人を集めて〝打ち上げ花火〟は華々しいが、委員からご意見拝聴だけの機関に形骸化する危険性もある。まず第一に求められるのは新聞社の問題意識と主体性であり、難しい問題は委員に〝丸投げ〟では困る。活力を持たせるためには、事務局の構成メンバーを強力にし、厳しい問題意識を持った組織としなければならない。次に、いぜん新聞社に根を下ろしている隠蔽体質の除去だ。ある局面では、新聞社側に不利な問題が指摘されるだろう。隠したい問題も起きるであろう。そのような時でも、第三者機関の見解を最大限尊重して、可能な限り情報を公開していく姿勢が肝要だ。さらに問題を広げれば、「編集権」との調整に苦慮するテーマも起こるかもしれない。新聞社側が腰をすえて本質を見きわめ、読者本位の公正な姿勢が要求されるゆえんである。

各新聞社には独自の編集方針があり、独自の編集権を持っている。従って、各社横断的で、文字通りの第三者機関（オンブズマン）を設置することは現段階では時期尚早であろう。「問題解決を急ぐあまり、権威を持った第三者機関をすぐに設けるのは反対です」と、浜田純一・東大教授も指摘している。当面は、活動を始めた各社別「オンブズマン」の見解を最大限に生かし、日々の紙面制作にフィードバックしていく不断の努力こそ必要だ。各社それぞれの努力の集積とノウハウの蓄積が、将来的にメディア全体のオンブズマン発足への合意形成につながるのではないだろうか。

■新聞が持つ総合力の発揮を

電波メディアやインターネットの普及で、新聞ジャーナリズムの前途が厳しいことは言わずもがなである。直近の難題としては、著作物再販制度見直しに関し二〇〇一年三月に公取委の結論が示されることになっている。また政府が法案提出をもくろんでいる個人情報保護基本法の問題もあり、とにかく新聞を取り巻く環境は厳しい。新聞界は襟を正して難局に立ち向かってもらいたい。百数十年にわたって築き上げてきた新聞ジャーナリズムが持つ洞察力・分析力・言論性の根源的な力を今こそ発揮しなければならない。〝情報洪水〟によって攪乱され、真実を見抜く眼がなくなったら一大事だ。「民主主義は、新聞の言論性に裏打ちされてこそ真価を発揮する」との思いを深め、新聞各社が良質の紙面で競争するよう祈りたい。

3　書きっ放しでない「検証」紙面を　２００１・３

『毎日新聞』は二〇〇〇年一二月二八日朝刊で読者の強い要望に応え、「報道現場は何を考え、どう動いたか」という一ページ特集を組み、「旧石器発掘ねつ造」取材の経緯を公開した。特ダネの決め手になったビデオ撮影など手の内をさらす大胆な紙面づくりだった。過去に例をみないことで、報道の経緯や意味を理解するため有意義な紙面と、感心させられた。

さらに同社が「『開かれた新聞』委員会」でこの問題を取り上げ、識者に報道の在り方を論じてもらい、二ページ特集（01・1・3）を提供した点にも好感を持った。ここでは旧石器問題だけでなく、世論の批判を浴びている報道姿勢に踏み込んだ論議内容も公開していた。

■充実した二度の連載

その他の紙面で筆者が特に注目したのは、「検証　旧石器発掘ねつ造」と題する大型連載企画である。二〇〇〇年一一月一四日付から一八日付朝刊の五回の連載（朝刊三面）は、事件報道的な視点だけでなく、学会や教科書問題などを総ざらいし、従来の遺跡発掘に関する新聞報道の反省点も記していた。さらに三月一三日付から一九日付までの「続検証　旧石器発掘ねつ造」（朝刊三面、五回）も充実した内容だった。考古学界の「再生に向けた動き」を克明に報じ、大事件を契機に様々な努力が行なわれている現状を知ることができた。「聖嶽洞穴《ひじりだき》」の出土石器に疑問が投げかけられた折であり、調査責任者の賀川光夫・別府大学名誉教授が「(一部メディアの)悪質な讒言と報道に死をもって抗議したい」との遺書を残して自殺した(三月九日)ことが痛ましい。検証や論議が不十分だった考古学界およびマスコミの報道姿勢にも反省をせまるものと言えよう。

特ダネによって新聞は活気づき、活発な取材によって記者の能力が磨かれる。旧石器をめぐる報道は、あらゆる事件・事故報道に共通するもので、執拗な検証もまた重要であることを教えてくれた。

■危機感反映した「提言」

次いで、『朝日』三月一〇日朝刊「記事盗用で本社記者倫理委員会が社内に向け『提言』」に注目した。二〇〇〇年六月、朝日新聞記者による中国新聞記事盗用事件が発覚した。朝日が直ちに「新聞記者倫理委員会」を発足させ、半年に及ぶ調査に基づいてまとめた「提言」である。「盗用事件につきいろいろな角度から検証を重ねた結果、インターネット経由で記事を盗用した疑いがきわめて濃い」として、インターネットやデータベース万能時代の記者活動につき同社の「ネット情報利用ガイドライン」を策定したものである。

新聞社には、誤報などマイナスイメージにつながる問題を隠蔽し、内部処理で済ます体質があったと思う。他の情報を執拗にせまる反面、自己の情報開示が遅れているとすら感じる。そんな不満を持っていた筆者には今回の朝日新聞の姿勢に賛同し、評価したい。前段の毎日新聞の特ダネと違って、〝負の情報〟を公にした朝日に「インターネット時代の記者活動の危険な側面」に対する強烈な問題意識があったと推測する。

高度情報化社会における、インターネットがらみの問題点は各所にひそんでいる。朝日が他社に先がけて事件の検証だけでなく、新時代の記者像について提言を試みた先見性は立派だ。他の新聞社も同様な問題をかかえており、「社内提言」を公開した『朝日』の特集面は参考になる。「正」「負」を問わず、問題点を検証する努力を各社とも続けてもらいたい。

4　「再販」維持に安堵せず、改革努力を

2001・4

「規制緩和」は、時代のキーワードだ。その潮流の中で、新聞や書籍などの全国同一価格の是非をめぐって、公正取引委員会と新聞・出版・音楽業界の間で一〇年越しの論争が続いてきた。「再販売価格維持行為」という取り決め。一般に「再販制度」と呼んでいるもので、新聞などの著作物は「法定再販」として独占禁止法の適用除外とされてきた。一九五三年の独禁法改正の際、同法第六章「適用除外」（第二一条～二四条の四）が追加され、その「二四条の二」で新

聞・書籍・雑誌・レコード・音楽用テープ・音楽用ＣＤの六品目に限って再販制度が認められたためである。これらの商品については、新聞社などが指定した全国一律の価格で販売することに公共的、文化的意義が認められたからに外ならない。しかし日米構造協議以降の規制緩和の流れの中で、公取委は新聞なども価格競争の波にさらすことが消費者の利益につながるとの観点から、再販制度の廃止を迫ってきたのである。

■公取委の指摘を真剣に受け止めよ

この再販制度見直しにつき、「公取委の結論」が二〇〇一年三月二三日くだされた。その骨格となる公取委見解は次のようなものだった。

「独禁法運用を含む競争政策を所管する公取委としては、規制改革を推進し、公正かつ自由な競争を促進することが求められている今日、競争政策の観点からは再販制度を廃止し、著作物の流通において競争が促進されるべきであると考える。しかしながら、国民各層から寄せられた意見をみると、再版制度を廃止すべきだとの意見がある半面、同制度が廃止されると、書籍・雑誌及び音楽用ＣＤ等の発行企画の多様性が失われ、また、新聞の戸別配達制度が衰退し、国民の知る権利を阻害する可能性があるなど、文化・公共面での影響が生じるおそれがあるとし、同制度の廃止に反対する意見も多く、なお同制度の廃止について国民的合意が形成されていない状況にある。したがって、現段階において独禁法改正に向けた措置を講じて著作物再販制度を廃止することは行わず、当面同制度を存置することが相当であると考える。」

このあと、「現行制度下での運用の弾力化」などの注文をつけており、〝最終結論の先延ばし〟ともとれる見解である。成り行きを注目していた新聞社などは、この見解をどうとらえたか。全国紙・地方紙の大半が加盟している日本新聞協会・渡辺恒雄会長（読売新聞社長）談話に、新聞各社の意向が集約されていると思われるので、その談話をみてみよう。

「著作物再販をめぐる論議に終止符が打たれ、新聞再販が維持されたことは評価したい。しかし、九八％の国民が再販維持を求めていることが判明したにもかかわらず、公取委が今なお『競争政策の観点から著作物再販は廃止すべきである』とする考え方を撤回しないのは、全く理解できない。独禁法の中で『合法』と認められている著作物再販について、公取委がいわゆる規制緩和策の対象にしたこと自体が間違っていたと考える。これから新聞界は、新聞のもつ文化的、公共的使命を一層追求するとともに、再販制度と読者の利益を結びつけながら、高度な戸別配達の実現と流通の正常化に努めていきたい。」

■目にあまる販売拡張現場の乱脈

新聞社の経営に重大な影響を及ぼす再販制度が維持されたことに、各新聞社は一様に安堵したにちがいない。しかし〝一件落着〟とはいえない要素が公取委見解からは推測され、新聞業界内に幾多の問題点もあることを見逃すことはできない。公取委が指摘した問題点には、新聞業界が真剣に対処すべき事項があり、改めて業界の姿勢が問われたとみなければならない。従って各新聞社は明快な社論を示し、「公正な言論と正常な販売競争」の決意を表明すべきだった。その点、全国紙で社説を掲げたのは『読売』と『産経』二紙だけだったのは腑に落ちない。他紙も解説などに紙面をさいていたものの、〝当然の帰結〟として社説に取り上げなかったのだろうか。むしろ県紙の多くが、鋭い視点の社説を掲げていたことに注目させられた。

新聞などの著作物を、トイレットペーパーや化粧品、衣料品などのように自由な価格競争の対象にすることを筆者も危惧している。しかし、公取委見解を精読してみて、指摘された問題への業界の真剣な対応の必要性を痛感した。まず第一に、「公正な言論の確保」を掲げる半面、再び激化してきた販売拡張競争の現実をあげなければならない。〝紙面の質〟で勝負する販売競争は、自由主義経済下では当然だが、資金力と物量にまかせての拡材（景品）の大型化、無代紙による勧誘（△年間購読契約すれば、△カ月分は無料）等々、違法とおぼしき勧誘戦術が罷り通っている現状は「すさまじい」の一語につきる。多くの読者は眉をひそめ、本音と建前の違う新聞業界に辟易しているのが現実だ。さらに、今なお横行する「販売拡張団」の強引商法に恐怖を感じている市民も少なくない。筆者宅にも多種の苦情が舞い込んでおり、取材を通じて行き過ぎ商法の実態を数々確認している。公取委員は三年前に景品販売の「3―6ルール」を容認し、二〇〇〇年九月には「6―8ルール」へと景品上限を緩和し、購読勧誘の正常化努力を見守ってきた。「3―6ルール」とは、三カ月分の購読料の六％を景品上限とする取り決めで、「6―8」

とは六カ月分の八%を上限にするというルールだ。しかし、これで業界の秩序が保たれているとはとても思えないケースが横行している。ポイントカードによって実質値引きを図る方法、温泉旅行やクーポン券発行など、いわゆる洗剤などの〝拡材〟ではない新手の〝脱法〟行為が公然と行われているのである。

所帯数の増加率は年一・数%程度。しかも〝新聞離れ〟の時代風潮が、販売現場に嵐を呼んでいる。全国の新聞普及は飽和状態。さらにメディア多様化の様相が年々加速され、新聞業界を取り巻く環境はますます厳しくなる一方である。販売競争の激化は、「公取委見解」の前にシェア拡大を狙ったものと推察できる。ここに〝食うか食われるか〟の無秩序な販売合戦が展開される〝根っこ〟があったと、分析せざるを得ないのである。「販売現場の改善に、一片の〝正常化申し合わせ〟など通じない」と、第一線担当者の声をしばしば耳にした。筆者も、この異常な状況を取材して、新聞業界の新たな危機を感じている。

■新聞界の浮沈にかかわる問題

「民主主義社会は公正な言論、多様な著作物によって守られる」との主張を大多数の読者が支持し、再販制度存続に賛意を示したはずだ。しかしその読者は、日常的に展開されている無軌道な販売拡張合戦をみて、旧態依然たる新聞業界の体質に絶望するのではなかろうか。

公取委は「見解」に添えて、「関係業界における取り組み状況」を報告している。①時限再販などの再販制度適用の弾力化、②学校教材用や大量一括購入者への割引、③長期購読者へのサービス（景品の類い）、④販売取り扱い個所の増強――などの取り組みであるが、筆者の取材では〝検討事項〟が多く、実効ある成果は上がっていないように見受けられる。

再販制度によって、新聞定価は一律が原則。そこに、長期購読者への割引を簡単に行えない事情があることは理解できる。しかし、一部地域での〝無代紙〟や〝ポイントカードによる購読料振り替え〟の動きなどが公然化している。これは、部数増のために、自ら「定価販売の原則」を崩す矛盾を露呈していると言えるのである。

この際、「新聞経営者よ、今こそ販売現場混乱の実態を深刻に受け止め、真の正常販売への道筋を示せ」と強く訴えたい。事態は一新聞社の問題ではなく、新聞界全体の浮沈にかかわる重大局面と思うからである。「再販制度維持によって、新聞の公正を保ち、知る権利に応える」との理念を実現するために、不条理な販売競争には終止符を打たなければならない。ただでさえ、新聞批判が厳しい時代。新聞業界の意識改革こそ、ジャーナリズムの中核である新聞の責務だ。

5　過剰取材がまねく人権侵害

2001・5

「メディア・スクラム」と呼ばれるマスコミ取材の過熱化が、世間の厳しい批判を受けている。続発する事件・事故――殺到する取材陣のウズで被害者や容疑者はもとより家族のほか周辺住民も巻き込む騒ぎが、「報道」の名のもとにまかり通っている。取材される側は悲鳴をあげ、取材方法の見直しを求める声が高まってきた。最近の特異なケースを取り上げ、その問題点とマスコミ側の反省点や対策を考えてみたい。

■「えひめ丸沈没」取材の教訓を生かせ

二〇〇一年二月一〇日ハワイ・オアフ島沖で起きた米原潜グリーンビルと愛媛県・宇和島水産高校実習船えひめ丸の衝突、沈没惨事。異常な大事故であり、取材陣が総力をあげることは当然だが、嵐のような取材ラッシュが宇和島市や現地ハワイで展開された。その猛烈さを告発する証言が、朝日新聞「報道と人権委員会」で報告され、五月二日朝刊に掲載された。弟さんの長男が行方不明と聞いた朝日記者が休暇をとってハワイに急行して感じた体験報告だ。日ごろ取材する記者が、〝取材される側〟に立っての記事は珍しく、鋭い視点を感じた。

関西空港を飛び立つ前から取材攻勢に疲れ果てた家族たちは、ハワイに到着してからも猛烈取材の虜となった。「現地ではマスコミに対する不信感、おびえはピークに達していた。こっちよりも米軍側を取材して、隠された事実を暴露してほしいというのが家族側の気持ちだった」という。この異常な状況を懸念した寺田憲二記者（学芸部）は、取材現場の混乱を収拾するため仲介役を買って出たのである。弟家族のサポート役として現地に乗り込んだものの、心ない取材を座視できず〝行司役〟を果たす羽目になったわけだが、貴重な問題提起があるので一部を引用して参考に供したい。

「マスコミ同士でトラブルが起き、私は初めて自分の職業をうち明け、マスコミの対応役を買って出た。情報を積極的に提供し、共同会見で家族の気持ちを説明した。報道側もルートをつくって対応してくれるようになった。問題の第一は、報道陣の数の多さだ。無防備な家族を取り囲み、撮影し、質問を浴びせる。こういうときこそ、各社で協定して代表取材態勢を取るべきだ。二つ目は記者の質だ。おそらく上から言われた通りに『今の心境は』という程度の質問しかできないのだろう。これは記者教育の問題でもある。最後に、大事件のときの社会面だ。ともすれば家族の怒りや悲しみが中心のサイド記事で埋まるが、疑問を感じるようになった。記者の思い入れや筆の運びに寄りかかった紙面をつくらず、事件の本質を明らかにする報道に全力を傾けるべきだ。」

■祐也被告公判をめぐるTVなどのバカ騒ぎ

次に検討したいのは、高橋祐也被告（女優・三田佳子さんの二男）の公判をめぐる騒動である。この過剰取材・過剰報道については、『毎日新聞』〇一年五月一日朝刊メディア面で詳細な検証結果を報じており、行き過ぎたマスコミ取材の典型例だった。

一般紙だけを見ている人は気づかなかったが、第二回公判が開かれた二月二一日の横浜地裁川崎支部周辺の混乱はすさまじかった。一般紙は触れなかったものの、民放テレビ、スポーツ・芸能紙、週刊誌などの集中豪雨的な取材によって現場は大混乱に陥った。傍聴席の整理券三八枚を求めてマスコミ関係者ら五〇〇余人が長蛇の列を作ったのも異常だったが、閉廷後祐也被告が玄関に姿を現したとき、混乱はピークに達した。『スポーツニッポン』(2・22)などの報道によると、祐也被告に群がった報道陣は約一〇〇人、TVカメラ四〇台・取材者総数が約二〇〇人。もみくちゃにされながら、車へ向かう歩道で〝臨時会見〟が行われたというが、取材現場は大混乱。谷沢忠彦弁護士のズボンは破れ、小山三代治弁護士の携帯電話が壊され、裁判資料まで散乱したというから、常軌を逸した〝報道加害〟と言わなければならない。激怒した谷沢弁護士は川崎社会記者会をはじめテレビ、雑誌関係団体に抗議文を送り、次回公判の際はこのような混乱を招かないよう対応策を要求した。

川崎記者会は深刻に受け止め、加盟各社が対策を話し合った。次回の一般紙取材は一社二人程度で、「記者会のメンバーは行き過ぎ取材をしていないことが確認された。従ってこれまで通りの取材でいい」との意見も出たが、他メディアの乱脈取材が予想される場合には従来パターンでは混乱を防止できないとの観点から、対策を検討。その結果、①混乱を避けるためのルールづくり、②廷内取材で十分ではないか、③会見要請があれば検討する——などの方針を決め、記者会に属さないテレビ、スポーツ紙各社に協力を求めた。

特に二一日の混乱の原因を分析したところ、敷地が狭い地裁川崎支部の出入り口付近に報道陣の車が駐車し、被告の車が裁判所へ入れなかったことが分かった。このため退廷する被告らが車の止まっているところまで、取材陣のウズの中を進まざるを得なかったことが混乱に拍車をかけたとの反省が生まれた。記者会は地裁支部とも協議した結果、同支部からは敷地の一部にロープを張って撮影場所に開放する案が示され、記者会は同支部近くに駐車スペースを確保することを取り決めた。

四月二五日の第三回公判では判決が下されるため前回を上回る混乱が心配されたが、各メディアの自制により混乱は避けられた。約三〇台のカメラはロープを張った敷地内に整然と並んで取材したという。二月以降の改善策が実を結び、新聞社だけでなく他メディアの協力が得られた成果であり、マスコミ取材の一歩前進と言えよう。

■マスコミ界全体で改善努力を

二つのケースを取り上げたのは、集中豪雨的な取材現場の実態が目にあまるからだ。いかに視聴率がいいといっても、民放一社でカメラ・クルーを五チームも出したというテレビ局があったと聞いて唖然とさせられた。過剰取材例をいちいち列挙する紙幅はないが、〝報道被害〟への告発は跡を絶たない。取材秩序や取材モラルを守るため、ある程度の歯止めをかけなければならず、関係メディアが横断的に対策を協議する必要性を痛感する。各メディアはさらに踏み込んで過剰取材・過剰報道に走るマスコミ体質の根源にメスを入れる論議こそ必要だろう。

報道被害者を出さないよう、どこまで取材が踏み込むかにつき各社は検討し始めており、「オンブズマン制度」導入も報道への信頼回復に資すると思うが、「発生した事件・事故をどう伝え、いかなる視点で読者に訴えるか」についての取材記者・編集者の問題意識こそ原点でなければならない。松本サリン事件や和歌山の毒入りカレー事件など、事件の本質解明とはほど遠い、スキャンダラスで興味本意的な報道が読者の不信を買ったことを忘れてはならない。そこには、〝知る権利〟に応えると称してプライバシーを蹂躪してはばからない体質、不毛な過当競争、それとは逆の〝他社との横並び〟体質などがひそんでいると思う。その点で、「えひめ丸事件」での朝日記者の提言には共感する。特に、一面本記を受けた社会面の展開には、なおひと工夫もふた工夫があってしかるべきだと思う。

祐也被告の裁判について一般紙は、二月の公判では紙面化せず、四月の判決公判は量刑だけの記事（『産経』２段以外はベタ扱い）だったが、妥当な判断だった。ただスポーツ紙のセンセーショナルな報道と民放テレビの扱い方は異常というほかない。当事者は「視聴者（読者）が求めているから……」と言うが、この理屈がエスカレートすれば、「悪貨は良貨を駆逐する」現象に行き着く。そこには視聴率万能主義、部数拡張主義に毒されたマスコミ界の病理を感じる。「新聞は真っ当にやっている」と主張しても、他メディアの暴走はジャーナリズム全体に危害を及ぼす。従って、新聞業界内部だけでなく、メディア界全体の問題と認識し、各メディア横断的な協議を行い、報道の質を高める方策を打ち出すべきである。報道モラルに則って自律・自助努力しないと、権力の介入を招きかねない。「個人情報保護法」の動きがある時だけに、厳正な報道姿勢の確立が急務だ。

6 『産経』夕刊廃止騒動 2002・2

「構造改革」が新時代のキーワードになっているが、「新聞」もまた構造改革を迫られている。長い間体質改善を怠ってきたツケが、国にも新聞にも襲ってきたように感じられる。そこへ投じられた一石が、『産経新聞』の夕刊廃止・朝刊単独紙発行（東京本社管内）と休刊日朝刊発行（即売のみ）の電撃的決定だった。この波紋は大きく広がり、特に販売第一線は一時大混乱だった。

■〝夕刊離れ〟は各社共通の悩み

日本の新聞は朝刊・夕刊セット体制が主流になっており、それに見合う経営規模と営業収益によって築かれてきた。全国の日刊紙は五〇〇〇万部を超え、普及率は世界一と言えるだろう。しかし新聞メディアの地位は、テレビはもとよりニューメディアの躍進によって安泰ではなくなってきた。新聞購買部数はほぼ頭打ち状態になっており、そこに追い討ちをかけたのが最近顕著になってきた〝夕刊離れ〟現象だった。

　産経新聞は二〇〇一年一一月七日、「〇二年四月から東京管内の夕刊を廃止し、朝刊単独紙にする。月極め購読料を現行の三八五〇円から、統合版と同じ二九五〇円に値下げする。大阪本社管内ではセット体制を維持する」と発表した。さらに同社が〇二年一月七日、「新聞休刊日に、即売朝刊を発行する」との〝第二弾〟を放ったため、新聞業界全体の問題にエスカレートした。

　新聞雑誌部数公査機構＝ABC＝調査（〇一年一月〜六月平均）によると、産経の総販売部数は朝刊二〇一万九四一五部、夕刊八九万九七二三部。そのうち東京本社版は朝刊八一万七三一五部、夕刊二五万六九二一部である。九一年から〇一年までに夕刊が約一〇万部減少しており、この夕刊離れはなお加速されているようだ。これは産経だけの特殊事情ではなく、新聞業界全体にのしかかる難題になってきた。この難局をどう乗り切るか、福島民報・福島民友などすでに夕刊を廃止した県紙はいくつかあるが、産経の決定は全国紙レベルでは初めて。そ

表　在京６紙の東京都内頒布数（2001年1〜6月平均）

		部数
読売新聞（東京）	朝刊	1,555,678
	夕刊	1,156,985
朝日新聞（東京）	朝刊	1,271,526
	夕刊	977,396
日本経済新聞（東京）	朝刊	585,954
	夕刊	537,602
毎日新聞（東京）	朝刊	407,376
	夕刊	317,002
東京新聞	朝刊	284,779
	夕刊	217,342
産経新聞（東京）	朝刊	277,730
	夕刊	153,950

注）新聞雑誌部数公査機構（ＡＢＣ）調査（『全国新聞ガイド　2002 年版』日本新聞協会）

れだけに夕刊離れ現象が厳しいことを物語っており、他紙への波紋は大きい。

夕刊を配達してない（統合版）地域を各社とも持っており、全国部数に占める朝・夕刊部数の比較は簡単でないため、東京都内の現況を見れば、問題点は浮かび上がってくる。在京六紙の東京都内ＡＢＣ部数は別表の通りで、〝夕刊離れ〟の実態は一目瞭然だ。産経新聞の朝・夕刊の部数差が特に著しいものの、その傾向は各社同じとみていい。しかも、九一年以降の変動を点検した結果、各社とも年ごとに夕刊購読者が減ってきた実態をつきとめることができた。

以上のような予備知識をもとに本題を考察すると、産経が夕刊廃止に踏み切った要因の第一は、「夕刊が売れないため、朝刊一本にして経営合理化を図る」ということにつきる。清原武彦・産経社長は「ここ一〇年間に減少した東京本社管内の全国紙の夕刊部数は、産経が一〇万部、他紙も二五〜四五万部程度となっており、いずれも一四％から三〇％落ち込んでいる」（季刊誌『新聞経営』二〇〇一年Ⅳ）と記している。夕刊廃止の理由を裏書きする信頼性ある数字ではあるが、このあとに続く「朝刊単独紙」の優位性を強調する文章は一方的な説明に終始し、事の本質が隠されているように感じられる。清原社長が主張している論点の主要箇所をあげて疑問点を探ってみたい。

「読者は、電波、ＩＴ媒体の後追いニュースより別のモノを新聞に求めている。そうした中で、わが社が発行する『新朝刊』は、二四時間編集による『一日の出来事が丸ごと分かる新聞』である。新聞を作る側は、丸一日の間に起きた世界中の膨大なニュースの価値を的確に判断し、記事に厚みを加え、バランスよく整理した上で紙面に掲載することができる。その結果、読者は従来よりも情報量が実質的に増え、連載や分析記事もより多彩となり、オピニオン性もさらに深まった新しいタイプの新聞を手にすることができる。二十四時間編集の紙面でこそ、新聞の一覧性、記録性、解説性が最大限に発揮できる、というのが私どもの考えである。」

「新朝刊」について清原社長が説く〝二四時間編集〟の紙面とは、新しい発想では決してない。たまたま夕刊廃止の説明理由にしただけの話で、新聞制作とは二四時間ウォッチすることによって成り立っている仕事なのである。電波・電子メディアと違って、「組版→印刷→配達」の制約があるため、二四時間体制の中で版を更新しているわけで、終日連続してニュースを追っている特性は昔も今も変わっていない。夕刊を取らない読者にニュースの継続性がなくなるのは当たり前で、朝・夕刊セット体制に問題のないことは明らかだ。朝・夕刊をきちんと読んでいる読者には何ら関係のないことなのに、いかにも夕刊が無用のように説明するのは間違っている。一覧性・記録性・解説性も各紙が心がけていることで、「新朝刊」だけの特性ではない。清原社長が、夕刊廃止の奇妙な理屈づけをしたとの印象を受ける。

いささか辛口の批判になったが、産経の夕刊廃止に異を唱えているわけではない。むしろ、経営の足を引っ張る〝夕刊離れ〟対策として夕刊を廃止することは、勇気ある決断とも評価できるのである。どのような発行形態にするかは独自の経営判断であって、要は新聞の中味である。あまり奇弁をろうさず、「産経は朝刊一本の紙面に衣替えします。夕刊フジは本紙の姉妹紙です」

とだけ言えばスッキリする問題ではなかったろうか。関西の産経新聞グループは、従来の『産経夕刊』・『夕刊フジ』・『大阪新聞』の三つの夕刊発行を改め、四月から『産経夕刊』と『大阪新聞』を統合して『産経新夕刊』に衣替えし、『夕刊フジ』との二紙体制に再編される。関西の特殊事情に基づいた選択であり、東京本社管内での『産経・新朝刊』と『夕刊フジ』の二本立ても新たな経営戦略といえるわけで、クダクダした説明はかえって誤解を招く。

さらになぜこんな大騒動に発展したかを探ると、産経が新朝刊価格を統合版と同じ二九五〇円に設定したことが、大きな要因になったと推測できる。夕刊がないのだから統合版と同価格設定に文句を言える筋合いではないと思うが、セット地域管内での新聞商法に大問題があったのだ。即ちセット地域では朝・夕刊込みの月極め価格を設定しているものの、朝刊単独の契約価格は決めておらず、販売店の裁量にまかされている。各社みな同じで、朝刊だけの読者からは三五〇〇円前後徴収しているらしい。ところが今回、産経は二九五〇円にすると決めた。この方が適正価格なのに、他社は産経の〝価格破壊〟ととらえたようだ。産経と五〇〇円も価格差ができるので、購読者を逃がさないためには他社も値引きしなければならない羽目に立たされたのである。販売収入が減ろうとも、産経並みの価格に歩み寄ればスッキリするはずだが、大もめするところに新聞販売の暗部があるのだ。

■販売第一線での泥仕合を懸念

新聞離れ、特に夕刊離れは二〇数年来憂慮されてきた問題で各社ともその対策に努力してきたものの、実効は上がっていない。ニューメディアの伸長、若者の〝活字離れ〟に加えてライフスタイルの変化などが逆風になっている現状はたしかに厳しい。しかし夕刊を廃止すれば、目先の販売・広告収入が減少するため、抜本策を打ち出せないまま時は流れた。この際危険な賭けを承知で、一〇数年下がりっ放しの状況を打破するため〝清水の舞台〟から飛び降りたのが産経だったと言えよう。ただ冷静に考えれば、新聞の発行形態は、各社独自の判断で選択する問題にすぎない。

『ニューヨーク・タイムズ』や『ル・モンド』紙を引き合いに出すまでもなく、朝・夕刊いずれの新聞を発行するかにつき、業界が大騒ぎすること自体不思議ですらある。

価値観が多様化し、忙しい現代社会の中で「新聞は朝刊か夕刊いずれか一つでいい。突発ニュースは電波メディアで補完する」とのマインドが働いたものと推察できる。一方、「夕刊を読めなくなるのは困る。一過性のテレビは頼りなく、やはり新聞だ」との意見もいぜん根強い。どちらに軍配をあげるか迷うところだが、欧米を中心にした国際ニュースは時差の関係から夕刊時間帯に処理しなければならない頻度が高い。イチロー人気で『夕刊フジ』などは売り上げを伸ばしており、一般紙としても国際ニュースをどう紙面化するかは今後の重要課題だろう。従って、夕刊廃止の是非論をこれ以上しても明快な結論はなかなか得られまい。

筆者は「新聞の本質は、垂れ流しのメディアとは基本的に違う」との認識を持っているので、発行形態の是非論は意味がないと考えてきた。要は、読者のニーズに応えて正確・公正な情報をスピーディーに届ける努力にかかる。そして、厳正な価値判断に基づいた分析力・洞察力・文化性に裏打ちされた付加価値に、新聞のメディア特性があると信じている。

しかし、産経が投じた一石の背景を検証すると、新聞の本質論より経営戦略の駆け引きに重点が移ってしまった感が深い。にわかに騒然となった新聞業界の動向を取材すればするほど、旧態依然たる体質が垣間見えてくるのである。その端的な例証として、二〇〇一年暮千葉県で起きた不祥事をあげることができる。産経浦安販売所が一二月初め「先着百名様に限りモニター価格・一二月から三月まで一カ月五〇〇円にてお届けします」と記したチラシを配布したのがトラブルのきっかけ。管内の他紙から公正取引委員会に申告があり、問題化した。四月からの夕刊廃止決定にあわてた産経販売所が「夕刊廃止前に読者を増やしたい」と、出血覚悟で打ち出した戦術だったと容易に想像できる。しかし、月額五〇〇円は明らかに原価を割っており、独占禁止法違反・不当廉売に当たる。日本新聞協会販売正常化委員会での論議に発展し、産経側が非を認めることとなった。新聞販売をめぐるトラブルは珍しいことではないが、今回は産経・新朝刊がらみのケースだったため騒ぎが広がったとみられる。産経本社も販売所も、四月から夕刊販売収入が確実になくなるのだから、部数増と経費削減によって難局を乗り切ろうと必死になっているに違いない。次いで持ち上がったのが「夕刊廃止CM」騒動。産経が系列民放テレビで流したCMに他社が憤慨、激しい抗議へと発展した。

「夕刊がこの世からなくなっても犬にとっては困らないな。夕飯がなくなるのは大問題」「毎日忙しいんだから、もう一日二回読むのは大変だわ」と、スヌーピー画面を使ってのCMだが、夕刊対策に苦慮している他社の神経を逆なでしたようだ。新聞協会理事会でつるし上げを食った清原産経社長は中途退席を余儀なくされたというから、理事会の緊迫ぶりが想像できる。清原氏の胸中いかにと思うが、産経側が問題CMの放映を中止（新たなものに差し替え）しただけでなく、清原氏は新聞協会副会長辞任に追い込まれてしまった。

「このCMは〝夕刊無用論〟を意図的に流したもの」と追及されたというが、理事会が目くじらを立てるほどの大問題だったか、騒ぎすぎとの印象は否めない。しかし、そこに産経問題に対する新聞業界内の深刻さと、古い業界体質を感じるのである。いずれにせよ、勇気ある決断をした産経にとって以上二つの騒動は大きな失点だった。

■奇妙な「休刊日朝刊」そろい踏み

『産経』は一月八日朝刊社告で「二月の休刊日から、北関東の一部を含む首都圏で即売朝刊を発行する。一部一〇〇円。首都圏中心に三〇万部、近畿圏などで一五万部の発行を希望している」と予告。四月からの夕刊廃止の前哨戦として、休刊日朝刊問題が二月一二日に火を噴いた。いざ蓋を開けてみたら、その第一号は火付け役の産経だけでなく、他の在京五社すべてが追随し〝各社そろい踏み〟になった。五社にとって、休刊日朝刊の『産経』独走は夕刊廃止問題より当面の影響が大きいと判断したに違いない。

そもそも新聞休刊日は、販売店従業員の労務軽減の目的で生まれ、その後労働時間削減・週休二日制導入という時代の流れに沿って休刊日回数が増え、二〇〇一年末では年間一二回が新聞業界の大勢になっていた。在京六紙も同一歩調だったが、産経の一石がその流れを変える契機になった。「販売店従業員のため……」との大義名分で読者の理解を求めた新聞業界だったのに、急に方向転換した背景もまた複雑怪奇である。

『産経』の夕刊廃止に対し在京五社はセット体制堅持の方針だが、休刊日朝刊発行は当面の大問題。各社ともライバル社の出方を探りながら対応策を急いでいたが、同時発行になった背景には、壮絶な販売競争の影があった。

そもそも『産経』の「休刊日朝刊」は、「夕刊廃止」と連動した戦略と理解できる。産経以外の各社は休刊日（朝刊）当日に夕刊を配るため、半日遅れでニュースを届けられる。ところが夕刊を廃止する『産経』は、丸一日遅れの翌日朝刊になってしまう。そこで「休刊日朝刊」の発想が浮かんだに違いない。これに対し、朝・夕刊セット体制を維持する社の「休刊日朝刊」発行理由は違うのではないか。即ち、『産経』の独走を許すと、即売だけでなく販売現場総体の混乱につながるとの危惧によるものと考えられる。そうでなければ、従来の労務軽減目的の休刊日を突如中止して各社同時発行に踏み切った理由が分からない。新聞は年中無休であってほしいと願っている読者は多いはずだ。しかし休日増の時代の流れに同調して「年一二回程度の休刊日はやむを得ない」と許容していたのである。従って、大義名分を崩した新聞業界の決定はつじつまが合わない。『産経』は「休刊日朝刊」発行を約一カ月前に社告で予告していたのに、他社は二〇〇二年二月一二日実施寸前に社告を出す始末。それも、『産経』の即売をはるかに上回る大部数の「特別版」を刷って宅配した。宅配が多ければ、コストはすべて持ち出し。この常軌を逸した競争は何とも理解しがたい。

また宅配までした社が「特別版」とした理由も分からない。今後、年一二回の休刊日を何回減らそうと、宅配能力があるなら通常紙面と同じスタイルでいいではないか。「冬季五輪報道のため」に「特別版」を発行したと苦しい説明をしているが、ここにも場当たり的対応の拙劣さを感じる。

■実効ある販売正常化の推進を

新聞経営が厳しさを増していることは、景気低迷に苦闘する他企業と同じである。新聞購読者数は頭打ち状態であり、販売現場での他紙の食い合い、つぶし合いの激化が心配だ。今回の〝産経騒動〟には、その前哨戦のような悪い予感が走る。人口減少に歯止めはかからず、世帯数減少は避けられまい。一九九三年一二月以降、購読料は八年余据え置かれたまま。ゼロ成長・マイナス成長の中で、値上げを打ち出せる経済環境でないこともはっきりしている。八年間の設備投資・人件費増は膨大で、新聞経営はきわめて厳しい局面に立たされている。

最近の新聞業界内の混乱を検証して、その病根の深さに驚き、憂慮が倍加している。今回のケースでも、各社巨額の経費を投入しての過当競争の様相を呈してきた。その経費が、読者のための紙質向上につながるなら結構だが、読者の賛同を得られるような競争でなかったことが情けない。こんなことを性懲りもなく続けていれば、読者は新聞社間のバカ気た抗争にあきれ、新聞離れを加速する要因になりかねない。

全国の販売現場を見渡すと、先にあげた産経浦安店の不当廉売問題は〝氷山の一角〟という気がする。販売正常化委員会の威令は百年河清を待つ状態で、新たな違反がくり返されている。最も悪質な無代紙問題も跡を絶ったとはいえず、今回の取材でも販売第一線担当者から悲痛な証言を得ている。日本新聞協会が取り決めた景品販売の「6—8ルール」もしばしば破られているようだ。六カ月分の購読料契約の景品上限を八％とするというルールだが、業界秩序が保たれているとは言いがたい。

公取委は二〇〇一年三月、新聞の再販制度につき「当面、再販制度を存置することが相当」との結論を示し、新聞業界はホッとしているようだが、販売正常化の実を示さないと公取委の介入を再び招きかねない。読売・朝日・毎日三社の二〇〇二年・年頭社長座談会（『新聞之新聞』）で、渡辺恒雄・読売社長（新聞協会長）は「積んでいる紙（本社が販売店に必要部数以上に押しつけている新聞）なんかなくなった方がいいんだ。販売正常化すると赤字が黒字になる。だから僕はいま、朝日・毎日・読売の三社が話し合って正常化を実行する、断行する、どんどん進めていけば、他の社もやらざるを得ない」と述べているが、口先だけに終わらせては困る。この気構えがあれば、今回のような騒動は最小限に食い止められたはずだからだ。

新聞は、行財政改革などでの総論賛成・各論反対の風潮を厳しく論難しているが、自らの業界内の無法・無秩序への取り組みには甘すぎる。建前は綺麗なことを言うが、本音は自社のシェア拡大のエゴが業界秩序を混乱させていることを深刻に反省し、業界全体の構造改革・意識改革に当たらないと、新聞ジャーナリズムの将来は危うい。他社の誹謗中傷を排し、堂々と紙面で競争する業界へ脱皮してほしい。

7　新聞社の不祥事と隠蔽体質

２００３・３／０３・６

小泉首相の「公約違反の一つや二つ、大したことない」発言に象徴されるように、懸案は先送り先送りで具体的成果はさっぱり見えてこない。世間は無気力な〝仕方がない症候群〟に汚染されている。説明責任、ガバナビリティー確立は掛け声倒れで、倒産・失業者・自殺者が激増。議員モラルも企業モラルも崩壊し、新手の犯罪が続発している。こんな世相の中、大手新聞社のスキャンダラスな話題が、相次いで世間に流布されている現状も寒心に堪えない。二〇〇三年一月からの〝三事件〟には由々しき問題を感じ、メスを入れたい。新聞社が総力をあげて取り組むべき難問山積の時期に、内部的混乱などとんでもないことだ。

■日経社長をめぐる内紛の怪

『日経』二〇〇三年二月七日第二社会面は、「週刊文春に本社が抗議」という三〇行弱の記事を掲載したが、週刊誌を読んでいない読者にはサッパリ理解できない奇妙な一文だ。「(週刊文春は)日経社員が一部の社員株主に送付したメールなどを引用しているが、これが関係者の名誉やプライバシーを著しく侵害したといえる」との記述で、新聞記事の体をなしていない。日経内部のトラブルなら当事者間で処理すべきで、読者には関係ないと思えるが、記事化せざるを得なかった背景が気になっていた。『朝日』二月一八日朝刊は「日経新聞　社長解任提案の部長『更迭』」の3段見出しで、大塚将司・東京本社編集局ベンチャー市場取材部長を事実上更迭し、三月一日付で編集局付とするとの記事を掲載。『日経』が報じない部長人事を他紙が取り上げた点に、内紛を越えた異常さを推察できる。

そもそも事件の発端は何だったたか。一月二七日、大塚氏が一部社員株主に送ったEメールで、「鶴田卓彦社長の乱脈ぶりを糾弾し、取締役解任を求める」激越な内容に社内は騒然となった。翌二八日臨時取締役会を招集し、鶴田社長が会長となり、杉田亮毅副社長の社長昇格内定を急ぎ決定、他社にも公表した。株主総会(三月二八日)での混乱を防ぐ緊急措置に違いない。この経緯を『週刊文春』(2月13日号)が書き立てたため〝不名誉〟が白日のもとにさらされることになった。

大塚氏の告発内容は、①日経子会社ティー・シー・ワークス（ＴＣＷ）の架空手形乱発に伴う背任事件、②鶴田社長の女性問題疑惑、の二点である。ＴＣＷ事件は係争中で知る人ぞ知る問題だが、第二の疑惑に、世間は驚いた。取材を通じて日経社内の狼狽ぶりを感じていたところ、『日経』三月七日朝刊が「本社社長、元部長を告訴」（２段見出し）を報じたのにはさらに驚かされた。新聞社の内紛を一般読者に公表すること自体前代未聞なのに、他紙も一斉に報じ、特に『東京新聞』は４段見出しで最もくわしく伝えていた。

（03年３月記）

日経の内紛は、三月末の株主総会で鶴田社長が代表取締役会長に転ずることで収まったかにみえたが、わずか一カ月半後の五月一六日臨時取締役会で「鶴田会長の辞任」が突如公表された。事件の一つ、日経一〇〇％出資の子会社ＴＣＷの不正経理問題につき監査役から「本社経営陣に責任なし」の報告を受けたのを機に、「事実無根の風評（女性問題）も立ち、社員に迷惑をかけたので身をひく」というのが表向きの理由である。

他の在京五紙が大きく取り上げたのは、「新聞経営のモラルが関わる重大問題」との判断に基づくもので、〝日経バッシング〟の意図ではないと考える。『日経』は一七日朝刊で一、三面をさいて型どおりの報道はしているものの、事件の経緯を検証し、情報を公開する姿勢に欠けていると感じた。杉田亮毅社長は「引責辞任ではない」と強調するが、一転辞任に追い込まれた経緯に疑問が残るのは当然だろう。『産経』は一面四段見出し、三面の三分の二をさいて記者会見の詳報や問題点を指摘しており、事の経緯がよく汲み取れた。同紙は「スキャンダル追及で引責」の見出しを掲げており、多くの読者もそう感じたのではなかろうか。

大塚元ベンチャー市場部長の告発から始まった騒動は、その後、大塚氏の懲戒解雇処分、双方の訴訟合戦へと発展した。株主の一人である大塚氏が商法上適正な手続きを踏んで総会に提出した議案（鶴田氏解任）は否決されたが、総会前に大塚氏を名誉棄損で告訴したうえ懲戒解雇した狼狽ぶりは、いったい何を物語っているだろうか。（注――なお、裁判では和解が成立、大塚氏は名誉を回復）

最近相次ぐ企業犯罪・スキャンダル追及と経営責任明確化を叫んでいたのは、『日経』ではなかったか。それが身内の不祥事となると、隠蔽体質に豹変し、説明責任すら回避している印象である。社長から会長職になった鶴田氏は、日経グループＣＥＯ（最高経営責任者）の地位にあった権力者。やっと事の重大性に気づいて退任を決意したものの、なお「相談役」とは往生際が悪い。

日経役員会はコンプライアンス（法令順守）センター設置など経営改革六項目を策定したが、その前に大塚氏の告発を真摯に受け止め、徹底した社内調査・検証を行い、情報開示すべきである。

五月一五日には、木村守男・青森県知事が女性問題にからみ、引責辞任したことを『日経』も一面で報じていた。これは一部週刊誌と係争中のスキャンダルだが、引責を余儀なくされたのである。鶴田氏も経営責任のほか女性問題が週刊誌で指摘されており、日ごろ高説を掲げている『日経』紙への風当たりは強い。大塚氏は六月四日、ＴＣＷへのコゲつき融資九四億円の賠償を求めて株主代表訴訟を東京地裁に起こし、なお混乱が続いている。これは日経だけの問題ではなく、新聞界全体の信用に関わる重大問題であり、自らの責任を厳正にしてこそ、言論活動は説得力を持つ。

■『朝日』の無謀な住居表示

北朝鮮に拉致された曽我ひとみさんら五人が帰国してから半年を越したが、拉致家族をめぐる過剰報道には反省点が多い。

そんな折、北朝鮮にいる曽我さんの夫、チャールズ・Ｒ・ジェンキンスさんから二〇〇三年五月一三日、新潟県真野町の自宅に手紙が届いていたことが分かった。北朝鮮での無事を伝える返事であり、喜ばしいニュースだった。ところが、『朝日』一三日夕刊の記事は、不用意にもジェンキンスさんの住所を何階何号まで明記してしまった。

「朝日新聞記者は真野町の支援室でファイルを盗み見て、私にも支援室にも了解を取らないまま住所を掲載しました。……記事を見て、多くの手紙がその住所に送られることは避けられないと考えます。今後、私からの手紙が届かなくなったり、それ以外の不利益が生じた場合、朝日新聞社はどのような責任を取るのでしょうか」と、ひとみさんが即刻抗議したのは当然のことだ。

『朝日』はプライバシー保護の観点から、事件・事故報道の住居表示を町名にとどめる原則を決定し、他社も同調して適切な住居表示が定着している。その『朝日』が、事もあろうに北朝鮮報道で犯した罪は大きい。現地からの記事が何段階ものチェックを経たにもかかわらず紙面化されたことに衝撃を受けた。また、失態に気づくのが遅かったのか、『朝日』が「本社謝罪へ」と報じたのは、二日後の一五日朝刊。「曾我さんは一四日、朝日新聞社に抗議文を寄せた。これを受けて本社は、くわしい住所などを報じたのは不適切だったとして、曾我さんに謝罪する」との記述にはびっくりさせられた。「抗議を受けてから朝日側は対応を考えた」と推測でき、社内の認識の甘さを指摘せざるを得ない。

顛末調査に手間のかかるケースではないのに、「本社調査の結果」が紙面化されたのは一八日朝刊だった。一五日朝刊釈明文と大筋に変わりない内容であり、なぜ公表がモタついたのか不思議である。さらに不可解なのは、「調査報告」の中に記事作成者・チェック責任者を明記していないことだ。紙面化されるまでの流れは一応説明されているものの、当該担当者を明示して、不手際を具体的に公表する責任があったのではないか。今回のミスが、単なる〝取材上の勇み足〟として片付けられては困る。どう考えても、人権保護を標榜している朝日新聞の組織上の失態は明らかであり、もっと踏み込んだ調査報告があってしかるべきだろう。曾我ひとみさんの胸中を察するならば、〝加害責任〟が厳しく問われても仕方ないケースだった。

その後『朝日』は、外部有識者で構成する「報道と人権委員会」を急きょ開き、二五日朝刊に「人権の重さ、かみしめて」と題する特集面を提供した。三委員からは「個人情報保護法も契機になり、社会全体が個人情報とは何か、プライバシーとは何かを考え始めている。社内にもガイドラインがあるはずだ。大切な個人情報を扱っているという緊張感が足りず、人権感覚が身についていない」など厳しい指摘が相次いだ。

朝日新聞社は二九日、東京本社編集局長の役員報酬一カ月三〇％減額など関係者の処分を決定した。三〇日朝刊は型どおりの処分（２段見出し）を伝えただけの感は免れず、もっと明快な姿勢と今後の対策を明示すべきではなかったか。

■毎日記者有罪判決と責任問題に注目

毎日新聞カメラマンのアンマン国際空港での爆発事件（〇三年五月一日）もまた、「記者の姿勢が問われる」大事件だった。

ヨルダン当局に逮捕された五味宏基被告は五月一九日、過失致死罪・過失傷害罪・爆発物所持罪で起訴された。「故意の殺人・傷害」から罪名が軽減されたのは、爆発が意図的でなく過失だったことを検察側が認めたもので、六月一日の判決公判で禁固一年六月の実刑判決が言い渡された。ヨルダン側の〝配慮ある判決〟であり、検察・弁護側とも控訴しないことを決めた。事件そのものはスピード決着したが、予測されている特赦、帰国後の五味記者への処分をどうするかに毎日新聞の姿勢が問われる局面となった。同紙は有罪判決を伝えた二日朝刊で「五味には、その『法的責任』に加え、『記者として、職業人としての倫理上の責任』があると考えます。すでに起訴時に表明したように、死傷者を出してしまった結果の重大性にかんがみ、社内規則に則って厳正な処分をいたす所存です」と公表した。（注——五味氏はその後、依願退職）

新聞は政治献金の不正取得をはじめ、各企業や団体の組織的犯罪を暴いてきた。そして、隠蔽体質からの脱皮を叫び、情報公開の必要性を訴え続けている。新聞の使命として今後も一層の監視を続けてもらいたいが、新聞社側の情報公開にも努力してもらいたいと思う。組織内の犯罪的行為は役所・企業の別を問わず起こり得る。新聞は事件の都度、組織防衛の虚偽報告、無責任体制に厳しい批判の矢を放ってきた。それは当然の追及だが、新聞社内の〝事件〟に関してはきわめて閉鎖的である。今なお〝無謬性〟や〝傲岸不遜〟な社風が残っていないか。「新聞は公器」との視点から、内部の不正・不適切な行為に対しては速やかに調査し、自己改革すべきである。

（03年6月記）

8　NHKへの政治介入は重大

2005・2

政治権力とメディアは、どの時代でも緊張関係に置かれてきた。権力の監視がメディアの重大な任務であって、両者の対等・自由な関係が、健全な民主主義社会を支える土台になっている。こんな常識的なことを覆すような騒動が持ち上がったことに、読者・視聴者は驚いているに違いない。二〇〇五年新年早々始まった「朝日新聞ｖｓＮＨＫ」の反目は、不毛な非難合戦に陥ってしまい、なお憂慮すべき事態になっている。『朝日』一月一二日朝刊が疑問を提示した「ＮＨＫ番組への政治介入」が発端で、新聞と放送を代表する巨大メディア間の〝論争〟は、すでにくわしく報道されているため、本欄ではジャーナリズムの原点に立ち返って、冷静に騒動の本質や問題点を探ってみたい。

■番組放映寸前に一部カットの異常さ

『朝日』の記事は、「二〇〇一年一月、旧日本軍慰安婦制度を裁く民衆法廷を扱ったＮＨＫの特集番組で、中川昭一・現経産相、安倍晋三・現自民党幹事長代理が放送前日にＮＨＫ幹部を呼んで『偏った内容だ』などと指摘していたことが分かった。ＮＨＫはその後、番組内容を変えて放送していた。……」という内容。同年一月三〇日夜ＮＨＫ教育テレビが放映した「問われる戦時性暴力」の放送内容改変に疑惑の一石を投じる記事だった。二〇〇〇年一二月に市民団体が開いた「女性国際戦犯法廷」の取材をベースにした企画だったが、放送直前になってにわかに〝政治問題化〟したという。〝問題個所〟のカットなど、ＮＨＫ内部のあわてぶりを、二〇〇五年一月一二日の『朝日』朝刊が報じているので参照願いたいが、『朝日』の狙いは「NHK番組への政治介入」の疑惑追及にあったに違いない。

そもそもNHKは、予算執行に国会承認が必要な公共放送である。それだけに、民間より政治権力の介入を受けやすいメディアであり、これまでもこの種のトラブルはあった。新聞や民放にも多かれ少なかれ〝政治圧力〟があるとはいえ、NHKほどではない。

監視される側の政府が、メディアの動向を気にするのは当然で、両者は常に〝せめぎ合い〟の関係にあるといえる。ある報道が政府だけでなく、企業・個人に至るまで影響を及ぼすため、〝報道してもらいたくない側〟が、あの手この手で〝圧力〟をかけてくることは避けられまい。これらの外圧をはねのけても報道すべきことを報じるのがメディアの責務だが、その前提として慎重な取材努力と公正な価値判断、社会正義実現への熱い思いがなければならない。世に言う「報道責任」である。新聞社でも放送局でも、自社の記事・番組を入念にチェックし修正することは日常業務で、公正な報道に努めることこそ「報道責任」だ。NHKが内部的に固まっていた番組内容の一部を放送前日になって四分間もカットして編集し直したことは前代未聞のこと。政治家の〝要望や意見〟が放映直前にあったことは否定できず、NHKのゆらいだ報道姿勢の背景こそ解明すべきだった。ところが今回の騒動の展開を見ていると、本質論を外れ、「政府自民党・NHKvs朝日」対決の構図となり、双方「言った」「言わない」の〝ののしり合い〟がクローズアップされてしまった。

■朝日誹謗の〝松尾独演〟を放送した独善

『朝日』報道の翌日（一月一三日）午前、ＮＨＫ番組センターチーフ・プロデューサーの長井暁氏が内部告発者として名乗りを上げ、記者会見で「四年前の番組改変騒動」の経緯を暴露。恐慌を来したＮＨＫ幹部は「政治圧力はなかった」と主張し、名指しされた中川、安倍両国会議員はともに朝日記者の強引な取材姿勢を批判して「公平・公正な報道を……と発言したにすぎない」と釈明した。中川議員に至っては、取材日時はテレビ放送の二日後だったと前言を翻す狼狽ぶり。中川氏は『朝日』が報道した当日（一月一二日）、各社に釈明コピーを配布している。たまたま入手して、その内容に注目したが、各紙に掲載されていないため全文を紹介しておく。

「市民団体が模擬裁判を行ったことにつき、ＮＨＫ教育テレビで放送するとの情報があった。もとより市民団体の行うことは自由であるが、公共放送は放送法に基づき放送を行うべきところ、ＮＨＫより当方に当番組につき説明があった。当方は公正中立の立場で放送すべきであることを指摘したものであり、政治的圧力をかけて中止を強制したものではない。また、当方への説明の前後における番組制作の経緯については関知していない。中川昭一」

この〝公文書〟そのものが、ＮＨＫと政治家の関係を雄弁に物語っているではないか（中川氏は『放送後に記者に会った』と訂正したが、この文面からは『事前でなければつじつまが合わない』と思われるが……）。

一方、矢面に立たされたNHKは一月一九日午後、当時の放送総局長・松尾武氏が「当事者は私」と名乗り出て異例の記者会見に臨み、「『朝日』の記事は私の発言をねじ曲げた」として『朝日』批判を展開した。その〝松尾弁明〟を一九日午後七時のニュースで十分あまりも流した異常さには驚いた。しかも「朝日新聞虚偽報道」のテロップを表示して放送したことは、言語道断だ。朝日記者の取材方法や記事内容に疑問点があったとしても、「虚偽報道」と一方的に非難するやり方に、〝血迷ったNHK〟の印象を持った視聴者は少なくなかったろう。朝日新聞社の抗議で「虚偽」の文言を同夜一〇時から削ったものの、誹謗中傷の泥仕合になってしまったことは、メディア業界全体にとっての大失態。他社も〝高みの見物〟などしていられない「報道の自由の危機」との認識が必要である。

■朝日新聞の対応が気になる

NHKと一部政治家の激しいバッシングの対応に追われたためだろうが、『朝日』は問題の本質を整理して、検証紙面を作って早く提供してほしかった。一月一八日朝刊第三社会面に「本社の取材と報道」なる特集を組んだが、〝検証〟にまで踏み込んだ紙面ではなかった。『毎日』が二五日朝刊で「検証『番組への圧力』問題」と題する見開き特集(一〇面・10段)を作った問題意識を評価したい。記事量だけでなく、問題点がよく整理されており、〝役に立つ紙面〟だった。放映をカットされた「女性国際法廷」での問題個所まで記載した紙面構成など、目配りがきいていた。

　また、朝日新聞オンブズマンの「紙面審議会」「報道と人権委員会」での論議公開を期待したが、トラブル発生後一カ月経っても紙面化しないのは何故だろうか。また、広報担当役員と社会部長が〝対外窓口〟になっているようだが、重大問題だけに編集担当専務や編集局長が記者会見などを通じて、毅然たる姿勢を鮮明にしてほしかったと思う。

　「陰に陽に、マスコミへの政治介入はある」と危惧している一ジャーナリストとして、今回の騒動をいい加減な妥協で終らせてもらいたくない。ＮＨＫ幹部の記者会見でも「政府、国会議員への〝ご説明〟が常態化していたことは明らかだ。海老沢勝二氏退任に伴い、会長になった橋本元一氏は二月三日の定例記者会見で「一般論として、国会議員に個々の内容の事前説明を細かくするのは好ましくない」と〝反省の弁〟ともとれる発言をしている。

　ＮＨＫ通常の業務説明で、国会議員へ「番組説明」をすることは当たり前だったようだ。今回の騒動に発展した番組は、慰安婦問題が素材だっただけに、右翼団体などがＮＨＫに抗議をくり返しており、その情報が自民党国会議員に流れたため大騒ぎになったのだ。中川、安倍議員以外にも複数の自民党議員が事前説明を受けていたことは明らかになっているが、中川、安倍両氏は「日本の前途と歴史教育を考える若手議員の会」の幹部として活躍している政界実力者。慰安婦問題には敏感な反応を示していた両氏の「中立・公正に」との発言の重みは大きかったと推察できる。

「集会、結社及び言論、出版その他一切の表現の自由は、これを保障する。検閲は、これをしてはならない。通信の秘密は、これを侵してはならない」との憲法二一条は、憲法典の中でもきわめて重要な規範である。六〇余年前の〝言論弾圧〟の悪夢に思いを致し、メディア業界全体が「言論の砦」の自覚を再確認してもらいたい。

「外圧の有無をめぐるカマトト論争よりも、外圧にいかに向き合って責任ある権力を行使するかが重要である。そのためには、メディアも巨大な権力であることを自覚しつつ、自ら内容を事前に審査する機能を組織内部に構築することが不可欠だろう」との佐藤卓己・京大助教授の指摘(『毎日』2・6朝刊)を噛みしめたい。

9 「録音テープ」の有無がカギ　2005・9

民主主義社会にとって、報道の任務はきわめて重い。政治権力を監視することが責務であり、権力の不当な介入は断固排除しなければならない。「権力」と「報道」は常に緊張関係にあり、両者がバランスよく機能している社会こそ健全である。

『朝日』一月一二日朝刊が報じた「NHK番組改変問題」は、朝日vsNHKの対決として成り行きが注目されていた。ところが、別の重大ニュースの背後に隠れてしまい、「あいまい決着で終わるのか」とも囁かれていた折、『朝日』は約半年後の七月二五日朝刊に「NHK番組改変問題　報告」と題する詳細な検証紙面を提供した。「今年一月の記事に対して、掲載後、当事者らが取材時の発言や記事内容を否定したため、NHKや総務省、自民党議員ら一五〇人以上に取材し、番組をめぐって何があったのかを改めて調べました。その結果、政治家の意向がNHK幹部を通じて制作現場に伝わり、放送直前に番組が大幅に改変されたという流れが改めて浮かび上がりました」との前文で、見開き二ページの大特集をつくって読者に訴えた。

■『朝日』の〝再検証〟でも、真相解明に至らず

トラブルとなった事実関係を簡単に整理して本論に臨みたい。二〇〇〇年一二月に開かれた「女性国際戦犯法廷」を素材にしたNHK特集番組をめぐり、政府・与党の介入によって内容が改変されたとの問題提起が発端である。約四年経過した今年一月に内部告発などをもとに、『朝日』が一月一二日朝刊で「政治の放送への介入」と報じて大問題になった。その番組は、NHK教育テレビETV2001「戦争をどう裁くか」（四夜シリーズ）②「問われる戦時法廷」。元慰安婦らの証言などを伝え、昭和天皇の責任を追及する番組内容を事前に察知した中川昭一、安倍晋三議員らが執拗に番組改変を迫ったと、『朝日』が指摘した問題だ。

『朝日』一月の問題提起の重大性に着目したものの、その後の展開をみると、『朝日』、NHK・自民党国会議員の間で「言った」「言わない」の応酬が続くだけで、真相は藪の中。このた

め、関係者に再取材して、詳細に報告したのが今回の『朝日』〝検証面〟で、当初の「四四分番組」から「四三分版」へ、そして「四〇分版」（これを放映）へと異例の削除・修正を余儀なくされたNHK内部の混乱ぶりが克明に描かれている。また、松尾武・元放送総局長のほか中川、安倍両議員と朝日記者との一問一答を紹介。「取材の総括」として、「松尾氏は今年一月の取材に、政治家の発言を『圧力』と受け止め、それから番組を守ろうとした、と述べています。今回の取材でも、国会対策の幹部による修正指示を、番組制作スタッフの多くが『政治介入』と受け止めていたことが確認できました。NHK側はあくまで自主的な修正だったとしていますが、今回の再取材で、記事の描いた『政治家の圧力による番組改変』という構図がより明確になったと考えます」と明言している。

NHKは七月二六日、「番組改変はNHK独自の判断で、政治家の圧力によるものではない」と反論したが、当時のNHK内部の混乱ぶりを見れば、「修正せざるを得ない、何らかの圧力があった」と解釈する方が常識的判断と言えよう。一方、①中川議員が当時NHK幹部に会ったのは、果たして放映前だったか②中川、安倍両議員がNHK幹部を呼んだのか――の二点については再取材でも解明できず、「真相がどうだったのか、十分にせまりきれていません。この点は率直に認め、教訓としたいと思います」と、「総括」に書き加えていた。

「半年以上経過して（『朝日』に）掲載された記事は拍子抜けするほど新事実に乏しく、国民が知りたがった点に真正面から応えているといえない内容である。毎日新聞は当初から、本質は

『政治に弱いＮＨＫの体質』にあると指摘してきた。朝日新聞も『公共放送と政治の距離』を問いたかったという。たしかに、改変問題は、その典型例となり得るケースだった。しかし、『政治介入を許した』というＮＨＫ担当者の内部告発情報をいち早く入手したことで、かえって『始めに結論ありき』の取材となって、詰めが甘くなったきらいがあるように思える」（『毎日』７・26社説）との指摘に続き、『日経』も「朝日新聞社は総括報告を紙面掲載したのに続き、社外有識者の委員会から意見を聞く作業を始めた。問題となった記事に委員から『先入観が感じられる』などの指摘があったという。政治家の意向によって番組が改変された流れが改めて浮かび上がったとする二五日付の総括記事も同様の傾向が読み取れ、説得力を欠く」（７・31社説）……等々、「検証が不十分」と感じている人はマスコミ研究者にも多い。「不当な政治介入」は排除しなければならないが、朝日記者の〝思い込み取材〟に反省点が残るのである。

とは言っても、今回の検証記事によって、ＮＨＫ番組改変の経緯がよく分かるし、一問一答の詳報も「真相を伝える資料」と受け止めたい。ただ、朝日記者が松尾総局長（当時）を取材した際の録音テープの有無について、今回の「総括」でもいっさい言及しないのは何故か。録音と照合せずに、一問一答形式での紙面掲載が可能とは考えられないからだ。約束違反の〝録音〟が明るみに出ることを恐れているのだろうか。当事者の松尾氏がＮＨＫテレビで釈明会見を長時間しているほどだから、「取材源秘匿のため録音の有無は明かせない」との説明は説得力を欠く。「記者がインタビューした記事は例外的に公開すべきだと思うが、検証記事はこれまでと同様、有無についてさえ言及していない。また、自民党議員ら一五〇人以上に取材したというのであれば、その詳細な取材結果を掲載することで、本来問われるべき政治と放送との距離についての問題点も浮かび上がってきたと思うが、それがなかったのは残念だ」との服部孝章・立大教授の指摘（『毎日』7・25夕刊）は、「すっきりしない検証紙面」への不満を示すものだ。

■月刊誌に〝極秘情報〟流失の怪

『朝日』七月二五日朝刊から一週間後、八月一日発売の『月刊現代』九月号に、「『政治介入』の決定的証拠＝中川昭一、安倍晋三、松尾武元放送総局長はこれでもシラを切るのか」とのタイトルで、二二ページにも及ぶ記事が掲載された。朝日記者と松尾氏とのインタビューが『朝日』記事より数倍くわしく、中川、安倍両議員とのやり取りも詳報している。魚住昭氏（ジャーナリスト）の執筆で、録音テープから起こしたと推察できるインタビューを克明に紹介し、コメントしている。魚住氏は同誌で「番組改変問題の最大のナゾは政治的圧力があったかどうか、ということだった。松尾氏の証言記録などを読めば、その答は明らかだ。そういう意味では『朝日』の報道は間違っていない。しかし実際に圧力がかかった経緯となると、『朝日』が想定した、直接的で露骨な圧力というより、もう少し複雑な構図があったのではないかと私は考えている」と述べており、共感できる分析である。「録音テープ↓朝日記者の取材資料流失」がますます現実味を帯びてきた。『朝日』が『月刊現代』発売三日前の七月二九日夜、緊急記者会見したのは、事の重大性の証拠であろう。同社広報担当（役員待遇）は「社内資料が流失したとすれば、報道機関として深刻に受け止めなければならない」と語っているが、『朝日』は新たな難題をかかえてしまった。

一方、自民党・武部勲幹事長は八月一日、「党役員が当面、会見以外の朝日記者の取材に応じることを自粛する」と述べ、事実上の〝取材拒否〟を表明した。権力をカサにきた強圧的姿勢に、自民党マスコミ対策の恐ろしさを感じる。『毎日』が二日朝刊・メディア面に大特集（全９段）を掲載した問題意識を評価したい。お座なりな他紙の扱い方に比べ、『毎日』が「取材拒否異例の機関決定」の見出しを掲げて警鐘を鳴らした記事は立派だ。また「朝日は事実解明急務」として、録音問題や資料流失につき『朝日』の明快な姿勢を求めていた。

今回の〝政治介入騒動〟をはじめ、言論機関への規制強化の動きが気掛かりな時代状況だけに、メディア総体が襟を正し、忍び寄る〝権力の魔手〟への警戒を怠ってはならない。その点で特に『朝日』の今後の再調査・再検証のほか、第三者機関「『ＮＨＫ報道』委員会」の建設的提言を望みたい。

「朝日もそろそろすべてを明らかにすべきだ。そもそも東京慈恵医大の一件で、無断録音をすべて問題だと言ってしまったのがまちがいだった。こうした取材で録音するのは当然なのだから、録音を認め、理由を説明すればいい。それくらいしなければ、権力を追いつめることなどできない」（田島泰彦・上智大教授、『毎日』８・２朝刊）との指摘は的を射ている。

『朝日』再検証紙面によって、「ＮＨＫ番組への政治介入問題」解明へ一歩前進したと思っていた矢先、朝日新聞社は八月二五日「社内資料が何らかの形で、『月刊現代』に流出したと考えざるを得ない」と公表した。『朝日』二六日朝刊で、「流出経路はまだわかっていないが、調査を続け、近く社内処分を行う。松尾武、中川昭一、安倍晋三氏には調査結果を報告、おわびするため、面談を申し入れたが、中川、安倍両氏側から『選挙間近で時間的余裕がない』などの回答があったため、文書を郵送した。両氏は文書の受け取りを拒否した」と説明。「今回の流出には痛切に責任を感じています。関係者の方々には深くおわびします」との広報担当役員の談話を添えただけで、第二社会面二段見出しの扱い方に違和感を持った。

「録音テープの有無」がいぜんナゾに包まれているのに、月刊誌に詳細な一問一答が掲載されてしまったことを重大視する認識が不足していないか。一片のＦＡＸや郵便物ではなく、責任者が直ちに〝おわび会見〟を開いて陳謝すべきだった。「内部調査した結果、不手際が見付かりました」との形式的発表では、「説明責任」を果たしていない。

10　衝撃！　朝日記者のねつ造記事発覚　2005・9／05・10

■田中知事に取材しないで架空メモ

「朝日ｖｓＮＨＫ」騒動がこじれている最中、朝日新聞でまたまた「記事ねつ造」が発覚。［『虚偽のメモ』記者解雇／本紙、選挙で誤った記事／東京編集局長ら更迭］――『朝日』八月三〇日朝刊一面、ショッキングな内容に度肝を抜かれた。本記とは別に「おわび」記事を掲載しているので、その全文を紹介しておこう。

「八月二一日付朝刊二面の『郵政反対派、〝第二新党〟が浮上』と、二二日付朝刊三面『追跡　政界流動〝郵便局守れだけでは〟』の記事の一部が、虚偽情報の報告に基づいて作成されていました。関係者、読者の皆様にご迷惑をおかけしたことをおわびするとともに、一連の記事で計五カ所、二二付朝刊は見出しも削除します。削除するのは次の通りです。

二一日付朝刊の記事では、亀井静香・元自民党政調会長と田中康夫長野県知事の会談場所を長野県内とした部分。

二二日付朝刊の記事では、①亀井元政調会長と田中知事が会った場所を長野県とした部分、②会談で田中知事が亀井氏に反論したとされた場面『田中氏はうなずかず、こう反論した。〝亀井さんも、いろいろ大変かもしれないけど、郵便局を守れっていうだけでは選挙に負けますよ。サラリーマン増税反対とか、もっと言うことがあるでしょう〟』、③二人の会談を長野会談とした部分、④田中知事が二〇日に『民主党だけでなくいろいろな政党に友人がいる』と周囲に漏らしていた——との四カ所です。」

記事をねつ造した西山卓記者は八月二〇日、田中知事に直接取材していないのに、長野総局長に「取材した」と偽って、これまでの知事発言などを適当にアレンジして第一次情報をでっち上げたのである。このメモが東京本社編集局に届けられ、政治部担当記者がリライトして紙面化されてしまった。入社五年、二八歳の若い記者が「功名心に走った不始末」では片付けられない深刻な問題がひそんでおり、大新聞社の組織的欠陥を露呈したものだ。

「ねつ造」が発覚したのは、田中知事が八月二三日の記者会見で疑問を提示したのが端緒。朝日新聞が大あわてで社内調査し、あっさり〝化けの皮〟がはがれてしまった。問題の記事は、西山記者の単独記事ではなく、本紙内政面に〝中田・虚偽メモ〟を五～一五行程度書き加えたもの。すぐバレル、幼稚でバカげた行為に呆れ果てるが、「長野総局→政治部デスク」の原稿チェックのズサンさが厳しく問われねばならない。

朝日当局が二九日、西山記者を懲戒解雇、東京本社編集局長と長野総局長の更迭などを決定したのは当然だろうが、同夜報道各社にFAXで関係文書を送信しただけだった姿勢は腑に落ちない。事の重大性から見て、各社が記者会見を求めたのは当たり前なのに、朝日当局が前例を楯に「会見の予定はありません」と、門戸を閉ざしたという。朝日新聞社の隠蔽体質きわまれり、と思える対応にもびっくりさせられた。日ごろ、企業スキャンダルで情報公開を執拗に迫ってきたのは朝日新聞ではなかったか。社員の不祥事、しかも今回は報道機関にとって致命的な記事ねつ造である。大失態を恥じ、謙虚に反省する〝潔い社風〟があれば、真っ先に「虚偽報道を率直に認め、深く反省して詫びる」姿勢を天下に示すべきだった。

三〇日朝刊一面に型通りの「おわび」を載せたものの、「〝謝罪〟見出し」がないのはおかしい。さらに三一日社説（「朝日新聞が問われている」）が、「何か構造的な問題があるのではないか」などと評論家風に記していたが、「一記者だけの不始末ではなく、朝日新聞社全体の危機」との認識が希薄だったと言わざるを得ない。もちろん、過去の不祥事まで挙げて反省の弁を述べているものの、心底から「不明をわびる」姿勢が欠落している。読者から轟々たる非難が寄せられたに違いなく、『朝日』は九月二日にも社説（「事実の重みかみしめて」）を掲げ、冒頭に「朝日新聞社が起こした虚偽報道事件について、本社や総支局、各地の販売所に抗議や苦情が寄せられている。総数は三日間で一千通を超えた。事実を報じるべき新聞が、架空の取材メモに基づいて誤った記事を載せたのだから、ただただおわびするしかない。……批判や指摘の一つひとつに、私たちは身を切られるような痛みを覚える」との〝丁重な〟謝罪表明をせざるを得ない羽目に追い詰められたと推察する。

■政治部←→長野総局のズサンな連絡

秋山耿太郎・朝日新聞社長は九月七日、「疑惑メモ」問題で記者会見し、公式に陳謝したうえで「『解体的出直し』に不退転の決意で臨む」と述べた。さらに不祥事を最初に公表する際、記者会見を開かなかった点について「メディアとしての説明責任に対する認識の甘さがあった。私の判断ミス」と非を認めた。遅きに失した感はあるが、社長の率直な反省の弁と受け止めたい。

事件発覚後、朝日新聞は「『信頼される報道のために』委員会」を設置して内部調査していたが、その検証結果を九月一五日朝刊に発表した。三ページ（広告ゼロ）にわたる膨大な検証報告で、「なぜ、虚偽メモ事件が起きてしまったか」を克明に追求している。第一報では分からなかった問題点が浮かび上がってきたので、重要と思われるいくつかを指摘したい。

(1)　東京本社政治部から長野総局に「お願いメール」を流したのは八月一八日。その冒頭に「昨日（八月一七日）綿貫民輔元衆院議長を中心とする『国民新党』が旗揚げしました。その党務を引き受ける見通しの亀井静香元自民党政調会長が一三日から一四日に長野県に行き、田中康夫知事と会見した模様です。一七日夜、『亀井氏周辺』取材で情報を把握しました」と記している。このことは重大で、政治部による「亀井・田中長野会談」の感触が先ず流されていた。

(2)　総局長から取材を命じられた西山記者は、今回の内部調査に対し「メールの文面を見て、亀井氏と会ったことは裏がとれている話に限りなく近いと勝手に思い込んでいました」と答えている。さらに「偽造メモ」をもとに作成された政治部原稿の大刷りを送ってきたが、「政治部がきちんと取材をして、何らかの確認をしているだろうと勝手に思っていました。本社も自信を持って書いているのだろうと、ひとごとのように思っていたところがあるんです」と証言している。

(3)「偽造メモ」作成の罪は重大だが、若い支局員が本社からの手配を軽く受け取り、「政治部で確度の高い情報を握っている」との予断を持ったことをあながち非難できないような気もする。そのことを裏づけるように、「(メモの内容は)ほとんどが会見で言ったことなんです。田中知事の記者会見でのやり取りは頭に入っていました。ほとんど抵抗なくすらすら書いてしまいました」と答えている。

(4)「検証を終えて」という結びの記事で、「政治部と長野総局の記者の間で、やりとりはわずか二通のメールだけでした。記事ができるまでには、決定的にコミュニケーションが不足していました。……虚偽メモを使って誤った記事が掲載されるのを、なぜ防ぐことができなかったのか。いくつものミスが重なっていましたが、メールだけのやりとりに終わり、取材現場での言葉によるコミュニケーション不足が虚報につながった最大の原因と思えます」と総括しているが、新聞社の構造的欠陥を露呈したものと結論づけていいであろう。

東京本社社会部次長をキャップに現役記者四人で構成された「虚偽メモ問題検証チーム」の作業は大変だったろうが、事実関係を精力的に追求し、読者に公開した努力をねぎらいたい。ただ、この膨大な報告を読んで感じたことを率直に申せば、取材現場の問題点・反省点はかなり洗い出されたものの、このような不祥事が続発する「構造的欠陥」にメスが入れられていない。今回の検証チームに、これ以上のことを究明する権限は与えられていないはずだ。秋山社長が約束した「解体的出直し」のためには、構造改革につながるような第三者機関による徹底検証作業が必要だろう。

■箱島・日本新聞協会長辞任へ波及

日本新聞協会長の箱島信一氏は二〇〇五年九月七日、記者会見し「協会長を辞任する」と公表した。箱島氏は三カ月前の六月まで朝日新聞社長を務め、新聞協会長（任期二年）に同月再選されたばかり。突然の辞意表明に驚かされたが、同氏は朝日新聞記者の虚偽メモに基づく総選挙報道について「新聞をはじめジャーナリズム全体の信頼と名誉を傷つけ、深く陳謝する。この事態を重大なものと受け止め、辞任を決意した」と理由を説明した。

しかし「虚偽メモ事件」は、八月末発覚したばかりで、秋山耿太郎・新社長のもとでの不祥事である。箱島氏は現在朝日新聞相談役ではあるが、この直接責任は相談役にはなく、社長が責任をとるべきケースであろう。この事にこだわるのは、箱島氏が「新聞協会長辞任の理由は、『虚偽メモ』一件のみです」と記者会見で答えているからだ。「会長辞任」の見出しを見たとき、咄嗟に「武富士からの編集協力費五〇〇〇万円事件」「朝日ｖｓＮＨＫ問題」処理の不手際の引責と思った。両事件は、箱島社長時代の不祥事であり、この問題につき「新聞界全体の名誉を傷つけた」として辞任するなら理解できるが……と、不思議に思ったのである。さらに、同席の会見でなかったものの、秋山社長が同じ日に記者会見して「虚偽メモ問題を陳謝し、『解体的出直し』をする」との決意表明を行なった。『朝日』九月八日朝刊は「箱島・新聞協会長の辞意表明を受けての社長会見」と記していたが、これまた奇妙な〝そろい踏み〟である。『朝日』二つの不祥事については、「虚偽メモ」を『朝日』が認めて「お詫び」した八月二九日（三〇日朝刊に掲載）直後に、秋山社長が記者会見を開き、顚末を説明して謝罪すべきだった。一週間以上遅れての社長会見を不可解と感じた人は多い。箱島、秋山両トップが示し合わせて、「謝罪のタイミング」を狙っていたとも勘ぐれるからだ。

企業スキャンダルは跡を絶たず、新聞業界も例外ではない。このところ、朝日新聞の不祥事が相次いで情けないことだが、新聞界全体の問題として真剣に受け止め、新聞社自体の構造改革を断行して「信頼性を取り戻す」努力をしないと、新聞の将来は危うい。

（〇五年九月記）

■「第三者機関」の見解も出たが…

朝日新聞社が委嘱した第三者機関「『NHK報道』委員会」の見解が示された。これを受けて〇五年九月三〇日、「朝日新聞の考え方」を公表し、秋山社長が記者会見に臨み「取材の甘さを深く反省します」などとするコメントを発表した。同時に「内部資料の流出問題」につき、編集担当兼東京本社編集局長らの更迭などの処分も行なった。今年一月から続発している一連の不祥事を謙虚に反省して〝幕引き〟したいとの意図が、一〇月一日朝刊紙面での大展開に滲み出ていた。

社外有識者四人で構成する「委員会」は、一月の記事については相応の根拠があり「真実と信じた相当の理由はある」と認めて、縷縷「見解」を述べている。「確認取材が不十分だった」と指摘したうえで、同社の「取材の総括」（7・25朝刊）に一定の評価を与えている。「社外委」と言っても、調査権限を持っておらず、提出された資料を精査して「見解」をまとめたものであり、限界のあることは致し方ない。要は、この「見解」を受けた朝日新聞社が、なお残る疑惑（録音テープの有無など）解明に具体的姿勢を示すかが、最も注目されていた。ところが、今回の「朝日新聞社の考え方」は、有識者の〝お墨付き〟を得て無難にまとめた文章のように思われ、新味に欠けていると感じた。

『月刊現代』の執筆者、魚住昭氏は「朝日は録音テープを含む取材記録をすべて公表すべきだったのに、社内資料流出という問題に矮小化してしまい、新聞社として読者に必要不可欠な情報を提供する任務を忘れてしまった。公表していれば、自分たちの記事の正当性を裏づけられたはずだ」（『毎日』10・1朝刊）とズバリ指摘していたが、重要なポイントである。

〝朝日新聞不祥事〟を執拗に追及したのは、これら一連の事件が、「崖っぷちの新聞」の現実を映し出しているとの危機感を抱いたからだ。朝日新聞の苦悩だけでなく、新聞界全体の重大事と受け止め、「新聞ジャーナリズム復権」の道を拓いていって欲しいと切に願っている。

（〇五年一〇月記）

あとがき

本書の最終原稿に取り組んでいた時、後藤田正晴・元副総理の訃報（二〇〇五年九月一九日）が伝えられた。長野県須坂市で八月二七日開かれた「信州岩波講座」の講師として後藤田氏は招かれており、同氏の謦咳に接したくて現地に赴いたが、直前になって「緊急検査入院した」と伝えられた。急きょ講師を入れ替えて開かれた鼎談の冒頭、司会者から「後藤田氏からのメッセージ」（要旨）が披露された。

「行き当たりバッタリの国家でいいのか。『戦略ナシ』の政治状況だ。その典型が外交で、戦後処理の不手際が心配である。」

「『ちょっと待てよ』と言う政治家がいない。みな付和雷同するばかり。『議会制民主主義のルールを守れ』と直言する人がいない。『おかしいことを、おかしい』と言えなくなったら大変だ。」

「遺言」ともいえる、気骨ある政治家の言葉の重みが、脳裏を離れない。

ブッシュ政権、小泉政権の政治手法や混迷を深める世界情勢。「不確実性時代」の様相がますます深まってきた二一世紀の五年間、各種新聞・雑誌、著書、テレビ、インターネット情報を追って、「日本の針路」「新聞の在り方」について模索し、書き綴ってきた。中学三年で終戦（一九四五年八月一五日）を迎えた私には、「戦後民主主義」がまぶしく映った。一九五三年に毎日新聞社に入社して以来、半世紀のジャーナリスト人生だ。現役を離れてからも約二十年、「新聞」の動向をウォッチしてきた。一介のジャーナリストとして、各種新聞の比較検討と背景分析に意を注いできた。従って、本書は実証的な「新聞研究」といえるかもしれない。

『新聞通信調査会報』（共同・時事通信社系月刊冊子）、季刊『総合ジャーナリズム研究』『週刊金曜日』『毎日新聞（新聞時評欄）』に発表した論稿を核にして構成、新たな事象を書き加えたものである。この間、日本新聞協会資料室、毎日新聞情報調査部に足繁く通い、多くの新聞資料を閲覧させていただいた。最も大事な教材は、日々の「新聞」に外ならず、快く門戸を開いてくださったことに深く感謝申し上げる。

本書刊行に当たって、花伝社の平田勝社長、柴田章編集長に格段の配慮を賜わった。また、現在も続けている月例勉強会「現代マスメディア研究会」（天野勝文幹事）の仲間から多くの助言、激励を頂戴したことにお礼申し上げたい。

二〇〇五年一〇月

池田　龍夫

池田龍夫（いけだ　たつお）

1930年（昭和5年）生まれ。

旧制成蹊高等学校を経て、1953年成蹊大学政治経済学部卒業。

同年毎日新聞入社、新潟支局・社会部を経て整理本部へ。

整理本部長、中部本社編集局長、新聞研究室長、紙面審査委員長などを歴任。

現在は、フリージャーナリスト。日本記者クラブ会員。

著書に『新聞の虚報・誤報――その構造的問題点に迫る」（創樹社、2000年）など。

崖っぷちの新聞――ジャーナリズムの原点を問う

2005年11月1日　初版第1刷発行

著者 ――池田龍夫
発行者 ―平田　勝
発行 ――花伝社
発売 ――共栄書房
〒101-0065　東京都千代田区西神田2-7-6 川合ビル
電話　03-3263-3813
FAX　03-3239-8272
E-mail　kadensha@muf.biglobe.ne.jp
URL　http：//www1.biz.biglobe.ne.jp/~kadensha
振替 ――00140-6-59661
装幀 ――神田程史
印刷・製本　モリモト印刷株式会社

ISBN4-7634-0452-0 C0036